DIE PERSÖNLICHE MAGIE
DER FARBEN

Clarissa Ray

Die persönliche Magie der Farben

Symbolkraft, Psychologie und Heilenergie

edition
Tramontane

1. Auflage 1991
© Edition Tramontane, Bad Münstereifel
Alle Rechte vorbehalten
Printed in Germany
ISBN 3-925828-24-9

INHALT

Einführung in die Welt der Farben

Weiß zu Schwarz und Warm zum Kühlen
Fühlt sich immer neu gezogen,
Ewig aus chaotischem Wühlen
Klärt sich neu der Regenbogen.

(Hermann Hesse, »Magie der Farben«)

Wir leben inmitten von Farben, deren kraftvolle Schwingungen auch ohne unser Zutun – ob uns dies bewußt ist oder nicht – auf unseren Organismus, auf Gedanken und Emotionen einwirken und unser gesamtes Verhalten und Wohlbefinden tiefgreifend beeinflussen. Das zeigt sich schon ganz deutlich darin, daß die Umgangssprache viele Redewendungen aufweist, die klare Aussoziationen mit der Farbsymbolik enthalten. Einige Beispiele dafür:

Rot sehen – steht für das Feuer des Zorns (aber: eine rosarote Brille aufhaben).

Schwarz sehen oder schwarz malen – bezeichnet abgrundtiefen Pessismismus.

Unser *blau sein* entspricht dem französischen »être noir« (schwarz sein) oder auch »être gris« (grau sein), wenn der Grad der Trunkenheit geringer ist, während das englische »having the blues« auf einen Zustand der Melancholie anspielt.

Im Französischen wird Blau außerdem mit heftigen Gemütsbewegungen assoziiert: »peur bleue« ist die Todesangst und »colère bleue« gar der rasende Zorn.

Man kann sich, abwechselnd, »gelb und grün ärgern«. Die Hoffnung dagegen wird eindeutig als grün empfunden – und wem das alles schon zu bunt werden sollte, der braucht sich eigentlich nur zusammenfassend zu merken, daß

1. Farben erregend oder beruhigend, antreibend oder hemmend wirken können und

2. Emotionen wie Freude und Schmerz, Zorn und Täuschung auf eine gewisse Weise ihre eigenen »Farben« besitzen.

Zur Geschichte und Wissenschaft der Farbtheorie

Als Isaac Newton 1666 einen Sonnenstrahl durch ein Prisma lenkte, stellte er fest, daß das scheinbar »weiße Licht« in sieben Farben zerlegt wurde, wie wir es vom Regenbogen kennen. Dies war die Entdeckung der sogenannten *Spektralfarben*.

	Rot-Orange-Gelb	Grün	Blau-Indigo-Violett	
(Infrarot)	warme Farben		kalte Farben	*(Ultraviolett)*

Rot, Gelb und Blau werden als *Primärfarben* bezeichnet, weil sie nicht aus der Mischung anderer Farben entstehen. Diese Primärfarben sind dagegen die Basis für die Mischung aller anderen Farbtöne und – gemeinsam mit Schwarz – die Grundelemente des Vierfarbdrucks.

Die sogenannten *Sekundärfarben* sind Grün (Blau + Gelb), Orange (Rot + Gelb) und Violett (Blau + Rot). Häufig taucht auch Indigo als eigene Farbe auf, es ist jedoch ein tiefes Blau mit einem ganz leichten Schuß Rot.

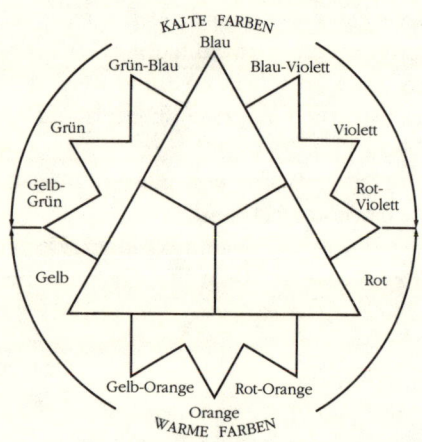

FARBROSE

10

Nach der Farbenlehre Goethes (der ein erbitterter Gegner Newtons war) entstehen die Farben nicht aus dem weißen Licht, sondern aus Grau – dem »Trüben«. Dieser Theorie wurde schon zu Goethes Lebzeiten, und vor allem danach, vehement widersprochen. Eine größere Wirkung hatte seine Lehre der Komplementärfarben mit den Farbpaaren Rot-Grün, Blau-Orange, Gelb-Violett und der Polarität Schwarz-Weiß. Komplementärfarben ergänzen sich gegenseitig zum vollen Spektrum, das heißt, dem Gesamteindruck »Weiß«, während die sogenannten Kompensationsfarben sich zur »Unfarbe«, das heißt, Schwarz oder Grau, auslöschen.

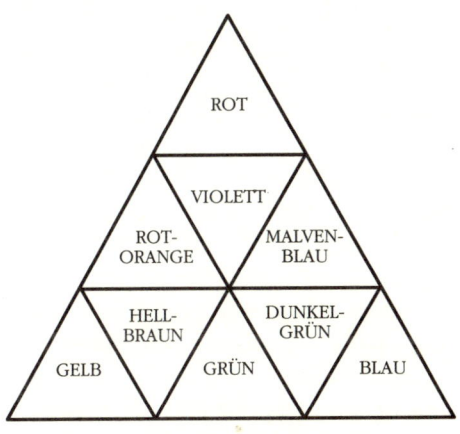

GOETHES FARBENDREIECK

Die wohl nachhaltigste Wirkung sollte Goethes Farbenlehre im Bereich der Mode haben. Gut miteinander harmonierende Farben leitete er streng nach der Komplementarität ab: Rot mit Grau- oder Blaßgrün, Hellblau oder Blaugrau mit Orange, Hellgelb mit Violett. – Traditionell unharmonisch, »sich beißend«, gelten selbst heute noch bisweilen die Farbkombinationen: Blau-Grün, Rot-Orange, Violett-Rot.

Die Wissenschaft der Farbe beruht auf dem Grundsatz, daß Materie und Licht nicht voneinander zu trennen sind. Jede Materie strahlt Licht aus. Alle von einem Lichtkörper ausgehenden Strahlungen haben die Form von Wellen. Ihre Ausdehnung bezeichnet man als Wellenlänge, ihre Schwingungszahl als Frequenz. Bei Farben handelt es sich um Lichtschwingungen mit verschiedenen Wellenlängen und unterschiedlichen Frequenzen, die sowohl Harmonie als auch Disharmonie erzeugen können. Bei der Projektion von Licht- und Farbstrahlen durch den Raum entsteht ein bestimmter Rhythmus. Von der Harmonie bzw. Disharmonie zwischen den Schwingungen der Oberfläche, worauf die Licht- und Farbstrahlen treffen, und letzteren hängt ab, ob der betreffende Organismus gestärkt oder sogar geschwächt wird.

Das menschliche Auge nimmt nur 20% der Schwingungswellen von Licht und Farbe wahr. Die restlichen 80% verwendet der Organismus zur Aufladung des Nervensystems. Es ist schwierig, eine genau Erklärung dafür zu geben, warum Licht den Körper durchdringt und Einfluß auf ihn ausübt. Die allgemein anerkannte Meinung darüber lautet, daß diese Einwirkung auf die Körperaktivität durch die Erzeugung gleichwertiger Schwingungen im Organismus hervorgerufen wird. Das heißt, Licht und Farbe arbeiten in Entsprechung mit dem Gesetz der Anziehung.

Wenn Lichtwellen auf eine Fläche fallen, werden sie dort teilweise verschluckt (absorbiert) oder zurückgeworfen (reflektiert). Unser Auge nimmt nur das reflektierte Licht wahr. Die Farbe eines Objektes wird durch Absorption und Reflektion bestimmt, das heißt, zum Beispiel absorbiert ein roter Gegenstand Blau und Gelb, reflektiert dagegen Rot. Werden alle Farben reflektiert, erscheint Weiß;

werden alle absorbiert, entsteht Schwarz. Werden alle Farben mit Ausnahme von einer absorbiert, nimmt der betreffende Gegenstand diese Farbe an – was Anna (in: *Hallo, Mr. Gott, hier spricht Anna*) sagen läßt: »Eine Blume ist gelb, weil sie alle Farben außer Gelb liebt . . .!«

Schematische Darstellung
Wahrnehmung von Licht und Farbe
durch das innere Prisma

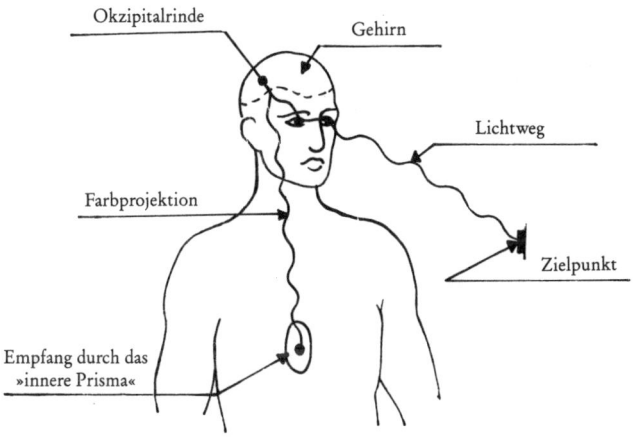

Die Wissenschaft der Farbe, sofern es sich nicht um reine Naturwissenschaft handelt, sondern sie die psychologische Wirkung einbezieht, ist noch keine exakte Wissenschaft – und wird es vielleicht auch niemals sein können. Im wesentlichen ist sie eine Geisteswissenschaft, im eigentlichen Wortsinn eine *Wissenschaft des Geistes*, da Farbe letztlich eine geistige Vorstellung ist.

Sollte jemand die Wirkung von Farben anzweifeln oder gänzlich in Frage stellen, sei ihm das folgende Experiment empfohlen:

Drei, noch *grüne* Tomaten, die etwa denselben Wachstumsstand erreicht haben, werden zur gleichen Zeit gepflückt und zum Weiterreifen in die Sonne gelegt: Die eine wird in ein weißes Tuch gewickelt, die nächste in ein rotes Tuch und die letzte in ein schwarzes Tuch. Die Tomaten sollten nicht mit Glas abgedeckt werden, weil dadurch die für das Wachstum so wichtigen ultravioletten Strahlen abgehalten werden.

Sind die Tomaten, die an den Pflanzen geblieben sind, auf natürliche Weise gereift, kann man die drei farbigen Tücher entfernen und sich mit eigenen Augen davon überzeugen, was aus den einstmals grünen Tomaten geworden ist. Die Tomate in dem weißen Tuch wird genauso ausgereift sein, als wäre sie an der Pflanze geblieben. Wird sie aufgeschnitten, so entdeckt man, daß sie auch im Innern auf natürliche Weise ausgereift ist. – Die Tomate in dem roten Tuch wird ebenfalls reif aussehen, doch wenn man sie aufschneidet, sind an den Samen und im Fruchtfleisch Spuren schwarzer Fasern festzustellen: ein Zeichen für Gärung und Fäulnis. (Die Schwingung von Rot kann natürlich auch auf positive Weise für erwünschte Gärungsprozesse eingesetzt werden, z. B. wenn über Brotteig, der geht, ein rotes Tuch gedeckt wird.) – Die schwarz eingehüllte Tomate schließlich ist in der Zwischenzeit überhaupt nicht reifer geworden und von innen heraus vertrocknet.

Ähnliche Experimente sind mit verschiedenen Gemüsearten durchgeführt worden. Spinat zeigte bei Bestrahlung mit rotem Licht, seiner Komplementärfarbe, etwa das vierfache Wachstum wie unter normalen Verhältnissen; mit grünem Licht war das Wachstum etwas besser als unter

14

gewohntem Sonnenlicht, und mit blauem Licht war es ausgesprochen kümmerlich, doch hatte sich dadurch der Vitamingehalt in den Blättern erhöht.

Auch bei Tieren ist der Einfluß von Farben nachgewiesen worden. *Kalt*blütige Tiere, wie Fische, zeigen unter Blaulicht erhöhtes Wachstum, während die Farben Blau und Grün das Wachstum von *Warm*blütern hemmen. Auf den Erfahrungsbereich des Menschen übertragen: Die »warmen« Farben Gelb und Rot bewirken, wenn sie in einem Zimmer dominieren, daß dieses effektiv weniger geheizt werden muß als ein Zimmer in den »kalten« Farben Blau oder Grün (das übrigens ein Grenzfall ist und manchmal weder den warmen noch den kalten Farben zugeordnet wird). Zumeist reagieren wir *instinktiv* auf Farben, doch ist es möglich, wenn wir uns mit ihnen beschäftigen und sie verstehen, daß wir sie bewußt auswählen und richtig einsetzen, um uns ihren Wirkungen nicht untätig auszuliefern oder diese dem Zufall zu überlassen.

Farben im »Zeitalter des Auges«

In der Bedeutung seiner Funktion für das Gehirn ist der Gesichtssinn den anderen Sinnen deutlich überlegen, denn er vermittelt jenem etwa 83 % der zu verarbeitenden Eindrücke (der Gehörsinn im Vergleich dazu nur 11 %, der Geruchssinn 3,5 %, der Geschmackssinn 1,5 % und der Tastsinn 1 %).

Die heutige Überfülle an visuellen Reizen überflutet uns mit Sinnesempfindungen und Emotionen, die sich positiv oder negativ auf uns auswirken können. Das Leben ist allgemein »bunter«, weil freier geworden, und darin spielen Farben als Informationsträger eine sehr große Rolle. Der bewußte Umgang mit diesen Impulsen ist außerordentlich wichtig. Die Auswahl von Farben durch den Menschen für sich und sein äußeres Umfeld steht in Verbindung mit seiner Persönlichkeit und mit seinen inneren Neigungen. Im allgemeinen werden von Architekten und selbst von Künstlern überwiegend Farben und Formen verwendet, die nur den bewußten und »materiellen« Teil des Mensch einbeziehen, der aber nicht unbedingt seinen echten psycho-physiologischen Bedürfnissen entspricht.

Die Entwicklung im Laufe der letzten hundert Jahre zu einer farbenfroheren Umwelt birgt auch die Gefahr einer Sinnesüberreizung in sich. Die oft eher verwirrenden Wahrnehmungsfluten müssen kanalisiert und gelenkt werden, damit sie in nutzbringende »Zielpunkte« für das Auge, für den gesamten Organismus und auch für die Seele umzuwandeln sind. Denn die Vorteile der Entdeckungen und Erfindungen auf diesem Gebiet (Photographie, Kino, Fernsehen, Bildschirme, Plakatwerbung usw.) stellen einerseits eine Bereicherung dar, die aber andererseits zu einem gestörten Gleichgewicht und einer Selbstzerstörung des Nervensystems beitragen kann, denn sowohl für den Sehapparat als auch für das Gehirn sind diese Reize oft zu stark. Die Wirkung von prismatischen Schwingungen auf die Emotionen und das gesamte Gefühlsleben ist schon früh von Goethe in seiner »Farbenlehre« hervorgehoben worden.

Die Erforschung der visuellen Wahrnehmung, geschärft unter der Einwirkung von bewußtseinserweiternden Drogen, ist anschaulich von Aldous Huxley in *Die Pforten der Wahrnehmung* und von Alan Watts in *Kosmologie der Freude* beschrieben worden. Das bewußte Sehen und die konzentrierte Ausrichtung des Blicks sind auch im Umgang mit Farben wichtig, wozu die Visualisationsübungen im letzten Teil dieses Buches anleiten wollen.

Der bewußte Umgang mit Farben

Die Natur und die Eigenschaften der Farben stehen in engem Zusammenhang sowohl mit unserem Alltagsleben als auch mit unserem inneren Wohlbefinden. Als Manifestation von Licht sind sie Ausdruck der Beziehungen, die alle Dinge miteinander verbinden, und daher haben sie physische, physiologische und psychologische Eigenschaften. Demnach ist unser gesamtes Lebensumfeld, Körper, Geist und Seele, ganz direkt vom Gebrauch der Farben betroffen. Ihre Kraft und Wirkung ergibt sich aus der Tatsache, daß Farben das hervorrufen, wofür sie symbolisch stehen. Wenn wir diese Tatsache unbeachtet lassen, sind wir ihrem Einfluß ausgesetzt, ohne ihn zu begreifen. Wenn wir dagegen unseren persönlichen Ausdruck und Freiraum erweitern wollen, sollten wir uns intensiv mit Farben beschäftigen.

Farben haben darüber hinaus auch therapeutische Eigenschaften. Sie haben einen direkten Einfluß auf den Körper – und damit auf Gesundheit und Krankheit. Das heißt, durch Kenntnis der Farben läßt sich *aktiv* auf beides einwirken. Farben können dem Menschen verlorene Energien und sein gestörtes Gleichgewicht wiedergeben, vor allem das seiner Nerven, und durch Anregung des Gehirns Kreativität entwickeln helfen. Sie können unterstützend dazu beitragen, sich besser zu konzentrieren oder sich entspannen zu lernen.

Und schließlich ermöglicht es das Studium der Farbsymbolik auch, sich selbst und andere besser zu erkennen. Wir zeigen unseren Geschmack und diverse Vorlieben häufig mittels Farben und enthüllen damit einen Teil unseres Charakters – öffnen damit sozusagen den Blick auf die Seele. Über Farben läßt sich fast ebensowenig wie über Geschmack im allgemeinen streiten; doch das sollte nicht daran hindern, den tiefen Sinn ihrer Botschaft zu »entziffern«.

17

Man kann soweit gehen zu sagen, daß *Farben sprechen*. Das Studium der sehr nuancierten Farbensprache kann es uns vielleicht ermöglichen, uns in unserem Lebensumfeld weniger fremd zu fühlen, in Harmonie mit der Welt zu leben und damit (ein wenig) glücklicher zu sein.

Und es lohnt auch deshalb, die Farben zu betrachten, weil wir damit noch ganz andere Dinge als die Farben selbst betrachten und durch sie lernen, über die Erscheinungsformen hinauszublicken.

I.

Die Symbolkraft der Farben und ihr esoterischer Aspekt

Ein Vogel kam geflogen, ein Vogel rot und grün . . . Das Mädchen sah ihn fliegen, sah aus seinem Schnabel etwas niederfallen, das leuchtete rot wie Blut, rot wie Glut, es fiel ins grüne Kraut und leuchtete im grünen Kraut so tief vertraut, sein rotes Leuchten warb so laut, daß das Mädchen sich niederbückte und das Rote aufhob. Da war es ein Kristall, ein Karfunkelstein, und wo der ist, kann es nicht dunkel sein.

(Hermann Hesse, »Piktors Verwandlungen«)

In allen Zeiten und bei allen Völkern ist die Farbe Ausdruck einer universalen Schrift oder Sprache gewesen, die tiefe Schichten im Menschen berührt. Die Beziehung, die wir zu bestimmten Farben haben, steht in engem Zusammenhang mit deren innerer Symbolkraft und wurde von dieser – zumeist unbewußt – entscheidend mitgeprägt.

Diese oft »vergessene Sprache«, um einen Begriff Erich Fromms zu gebrauchen, ist nach C. G. Jung Teil unserer »Muttersprache des Unbewußten«. Symbole sind sichtbar gewordene Archetypen, und da sie aus einer gemeinsamen Wurzel stammen, ist die symbolische Bedeutung der Farben jederzeit und überall dieselbe gewesen. Selbst einige Querverbindungen zur Volksüberlieferung, wobei die einer Farbe zugeordnete Assoziation dem Anschein nach unerklärlich, wenn nicht unsinnig wirken mag, sind doch immer durch symbolische oder mythische Entsprechungen begründet.

Farbe als Symbol ist ein *Zeichen*, das auf etwas anderes hinweist: Nennen wir dieses andere ein Prinzip und betrachten das Symbol als dessen Ausdrucksform – ein Hilfsmittel, das den Zugang zu jenem Prinzip eröffnet.

In allen religiösen Traditionen wird das Prinzip *Licht* als ein Ausdruck des Göttlichen (das, je nachdem, auch andere Namen wie »Geist« oder »Leere« haben kann) angesehen. Ihren tiefsten symbolischen Wert erhält Farbe damit als Verbindung zu diesem Göttlichen, denn sie ist die wahrnehmbare Manifestation, die Spiegelung von Licht in der Schöpfung. »Gott wird Welt im farbig Bunten«, so sagt Hermann Hesse dies in poetischen Worten.

Seit Beginn unserer historischen Zeit sind Sonnenlicht und Farbe für alle Kulturen ebenso ein faszinierendes Rätsel wie Gegenstand der Verehrung gewesen. Besonders bei den Persern (Parsen), den Ägyptern und den Sonnenanbetern der präkolumbianischen Zeit war ein Sonnen- und Lichtkult verbreitet.

Für die grundlegende Übereinstimmung in der Symbolik läßt sich, wenn man sie nicht tiefenpsychologisch, sondern kulturgeschichtlich betrachtet, ein gemeinsamer Ursprung in der frühen Kultur Persiens (dem Zendavesta und dem Manichäismus) vermuten: Der Dualismus zwischen Licht und Dunkel, den Prinzipien Gut und Böse, erschuf die (Nicht-)Farben Weiß und Schwarz, aus denen sich alle (echten) Farben ableiteten. Die Anhänger Zarathustras wiesen jedem Planeten, je nach seiner Farbe und Lichtintensität, einen wohltuenden oder schädlichen Einfluß zu.

Im alten Persien, wie in den meisten Ländern dieser Epoche, lag die Heilkunst in den Händen der Priester, die damit gleichzeitig auch Ärzte waren. Auf der Basis von Zarathustras Lehre der Prinzipien von Licht und Dunkel wurde immer der Versuch unternommen, ein irgendwie geartetes Gleichgewicht zwischen diesen beiden Kräften herzustellen. Als ein solches vereinigendes Prinzip – und damit als Quelle der Heilung – diente auch die Farbe.

Von dort aus verbreitete sich die eng mit der Religion verbundene Farbensprache nach Indien und China, nach Ägypten, Griechenland und Rom. Die indischen Weisen und die chinesischen Magier entwickelten eine Wissenschaft der Farbe, in der sie das Gesetz der Entsprechung zwischen den sieben Strahlen des Sonnenspektrums und der siebenfachen Natur des Menschen zur Anwendung brachten, wie beispielsweise in der Lehre von den feinstofflichen Energiezentren oder *Chakras*. Die Primärfarben Rot-Gelb-Blau entsprachen Körper, Geist im Sinne von Intellekt (engl. *mind)* und dem höheren Geist (engl. *spirit)* oder der »Seele«: eine Einteilung, die bis heute im wesentlichen erhalten geblieben ist *(siehe* Teil III, »Farbtherapie«). Für die alten Völker, zum Beispiel auch die Ägypter, waren die warmen Farben Rot-Orange-Gelb männlich, positiv und nach Osten gewandt. Die kalten Farben Grün-Blau-Violett galten dagegen als weiblich und negativ und wurden dem Westen zugeordnet.

22

Spielte die Farbe in der ägyptischen Kultur eine herausragende Rolle, da ihre Quelle und ihr höchster Ausdruck das *Licht* war, galten in der griechischen Kultur Form und Proportion, Maß und Zahl als die höchsten Werte. Das führte zu einer streng naturalistischen Darstellung – bei den Griechen konnte in der Malerei keine Gottheit grün, kein Flußpferd blau sein. Nur die griechische Götterbotin Iris vereinigt in sich alle Farben des Regenbogens als Sinnbild für das Bündnis zwischen Himmel und Erde, wie es auch in der Schöpfungsgeschichte erscheint.

Zu einer Vereinigung dieser beiden ästhetischen Grundlagen Farbe und Form sollte es dann in der christlich-mittelalterlichen Kunst kommen. Hier erfährt auch die alte Farbensprache eine tiefgreifende Erneuerung, und die Glasfenster der gotischen Kathedralen weisen Elemente der persischen Lichtreligion, der Veden und der ägyptischen Tempelmalereien auf.

Durch die Mauren und ihre Liebesmystik soll die populäre Farbensprache entstanden sein, die bis heute erhalten geblieben ist. Die Situation der Frauen im Orient, die praktisch wie Gefangene lebten, führte dazu, daß die Sprache der Farben das gesprochene Wort ersetzte – ebenso wie das *selam*, das symbolische Blumenbouquet, zum Ersatz für geschriebene Worte der Liebe wurde. Dieses *selam* hat seine Embleme ebenfalls der Symbolsprache der Farben entliehen, deren Begriffe bis heute unverändert gültig sind: Blau ist immer noch das Sinnbild für Treue, Rot nicht nur für Liebe, sondern auch für Grausamkeit, Gelb für Eifersucht, Weiß für Unschuld, Schwarz für Trauer – und Grün bleibt die Hoffnung . . .

Ägypten

Die ägyptischen Priester und Ärzte besaßen tiefe Kenntnisse über den Einfluß von Licht und Farbe auf den Menschen. Die Zuordnung von Farben zu ihrem Götter-Pantheon entspricht einer echten Farbensprache. Amon, Sinnbild der Fruchtbarkeit und Kraft, ist rot – wie die Energie des Feuers. Anubis, der Herr des Himmels, ist blau – die mystische Farbe der Sonne. Horus, der das Licht symbolisiert und die Dunkelheit bekämpft, ist gelb. Osiris, gleichzeitig ein Gott des Himmels und der Erde, ist grün. Dies ist zumeist auch die Farbe der Göttin Isis – doch ihr Gewand schimmert in allen Farben des Regenbogens und ist Symbol für die Verbindung zwischen materieller und geistiger Welt.

Archäologen haben in ägyptischen Tempeln Beweise dafür gefunden, daß die Sonnenstrahlen aufgrund der Raumkonstruktion in die sieben Spektralfarben zerlegt wurden. Die Macht der Farbe konnte sowohl für religiöse als auch für therapeutische Zwecke genutzt werden. Wie später auch die Mystiker, wiesen sie den Farben Rot, Gelb und Blau dynamische Kräfte für Körper, Intellekt und Geist / Seele des Menschen zu. Nach der Diagnose, welche Farbe(n) dem Betreffenden fehlte(n), konnte er in dem entsprechenden Raum das für ihn heilsame »Farbbad« nehmen.

Die Ägypter kannten auch die Methode, den Patienten mit Sonnenenergie aufgeladenes Wasser trinken zu lassen, wie es ebenfalls bei den Indern, den Chinesen und den Indianern Mittel- und Südamerikas Brauch war. Außerdem verwendeten sie Edelsteine zur Chromotherapie, da in ihnen die Kraft einer reinen Farbe in besonderem Maße konzentriert ist. Die Edelsteine wurden pulverisiert und als

Medikamente gebraucht – eine auch alchimistische und gleichfalls wieder moderne Methode.

China

Bei den Chinesen spielten die Farben eine wichtige Rolle innerhalb ihrer großen Tradition, die den Zusammenhang zwischen allen Aspekten der Existenz herzustellen suchte. Wie auch andere Symbole, dienten sie als Hilfsmittel für den Aufbau der Welt auf den Prinzipien von Yang (+) und Yin (-), die sich in ihrer reinsten Form in den Elementen Feuer und Wasser verkörperten. Die Verbindungen zwischen den Fünf Elementen, Farben, Himmelsrichtungen, Jahreszeiten und Körperorganen sind in der nachstehenden Übersicht dargestellt.

Farbe	Element	Himmelsrichtung	Jahreszeit	Körperorgan
Rot	Feuer	Süden	Sommer	Herz
Grün	Holz	Osten	Frühling	Muskeln Leber
Schwarz	Wasser	Norden	Winter	Nieren
Weiß	Metall	Westen	Herbst	Lungen
Gelb	Erde	Mitte	Nach-sommer	Magen (?)

Das höchste Symbol der Vollkommenheit im (gelben) »Reich der Mitte« ist der Jade mit seinem glänzenden Grün. Die kostbare Farbe spielte eine wichtige Rolle in Ritual und Magie und war Sinnbild für die Vereinigung von Himmel und Erde. Die Priester-Magier waren um eine Harmonie zwischen den dynastischen Farben und den himmlischen Kräften bemüht, denen sie – nicht ohne Grund – große Bedeutung beimaßen. Sie trugen halb rote, halb schwarze Gewänder, da sich in den Farben von Süden und Norden die Prinzipien von Yang und Yin verkörperten. Diese beiden Farben sollten auch ein wichtiges Element in der chinesischen Architektur werden.

Die Augen waren für den taoistischen Weisen kleine Kristallisationspunkte, die aus dem Prinzip Yang hervorgegangen waren und eine Leuchtkraft besaßen, die an die physische Welt, aber auch ins Innere des Menschen reichte, was die Wahrnehmung von Licht und Farbe mit dem inneren Auge ermöglichte. Die Taoisten praktizierten, in Übereinstimmung mit den rituellen Farben des Kosmos und den Kardinalpunkten, die folgende »Sehübung«: Sie visualisierten hinter sich einen schwarzen Krieger, vor sich einen roten Vogel, links von sich einen grünen Drachen und rechts von sich einen weißen Tiger.

Sie entwickelten auch eine Wahrnehmungsübung von Farben, die in völliger Dunkelheit durchgeführt wird: Nachdem man zu Bett gegangen ist und das Licht schon seit mindestens einer Minute gelöscht hat, sind die Farben der dann noch vorbeiziehenden Lichtflecken zu beobachten. Eine Folge von gelben Flecken deutet auf die Gefahr einer ernsten, möglicherweise ansteckenden Krankheit hin, eine Folge von roten Flecken auf übermäßige Aktivität und Nervosität, und eine Folge von grünen Flecken auf nervliche Stabilität und innere Harmonie.

Indien

In der indischen Tradition stehen die Farben sinnbildlich für die drei Prinzipien, wie sich das Göttliche in der Welt manifestiert und – daraus abgeleitet – für die drei Zustände oder *gunas*, die den Eigenschaften der Natur entsprechen. Daraus ergibt sich:

Rot – Brahma, das aktive Prinzip der Entstehung; Element *Rajas*

Weiß (oder Blau) — Vishnu, das erhaltende und bewahrende Prinzip; Element *Sattva*

Schwarz (oder Weiß) – Shiva, das zerstörerische und zugleich wieder schöpferische Prinzip der Transformation; Element *Tamas*.

Für die Inder war (und ist) der Mensch Ausdruck der vollkommenen schöpferischen Kräfte. Zwischen Körper und Geist gibt es keine Zweiteilung. So konnte sich die Theorie der *Chakras* oder inneren Energiezentren entwickeln, die nach westlicher Terminologie den endokrinen Drüsen und dem Nervensystem entsprechen *(siehe weiter unten)*.

Die Inder arbeiteten auch mit den Auras oder elektromagnetischen Energiefeldern, die den menschlichen Körper umgeben und die in Verbindung mit den sieben Körpern und den sieben von diesen ausgestrahlten Spektralfarben stehen. In diesem komplexen System wirken die Fünf Grundelemente der Natur *(siehe unter China)* und der Vitalenergien auf die Sinne, die Farben des menschlichen Körpers und des Universums, die Planeten und die sie bewegenden Kräfte.

Für die Inder ist Farbe damit ein gleichzeitig objektiver und subjektiver Einfluß – eine Vorstellung, die von den Abendländern nicht so bereitwillig akzeptiert werden dürfte.

Nach indischer Auffassung beherrscht die Farbe Indigo das Zentrum im Dritten Auge (Stirn-Chakra) und lenkt die Energieströme des feinstofflichen Körpers. Da es heißt, daß diese Farbe das Gleichgewicht zwischen allen Körperenergien herstellen könne, soll sie in besonderem Maße zur Heilung beitragen. Jede Unausgewogenheit, die entweder durch ein Übermaß an Materialismus oder an Spiritualität entstehen kann, führt zu Krankheitssymptomen: eine verblüffende Übereinstimmung mit der westlichen Lehre von der mangelhaften Anpassung, dem sogenannten »Streß-Syndrom«.

Aus dem Zusammenhang zwischen der Aura und den

Chakras ergibt sich die Wechselwirkung zwischen Gesundheit und Krankheit: All unsere Handlungen und Gedanken wirken – je nachdem, ob positiv oder negativ – auf die Aura ein. So betrachtet, ist Krankheit eine Störung der Harmonie in der Schwingung der Aura, was sich in einer Veränderung ihrer Farbe und in physischen Symptomen äußert. Diese Veränderung wird von den Chakras, also vom Nervensystem und den endokrinen Drüsen, aufgenommen und an die Organe weitergegeben.

Die indische Lehre von den Chakras und ihre Verbindung mit Farben

Ein Chakra ist ein Energiezentrum im feinstofflichen Körper des Menschen. Dieser »Ätherkörper« ist das feinstoffliche Gegenstück zu unserem sichtbaren materiellen Körper. Er enthält das energetische Grundschwingungsmuster des physischen Körpers und ist Träger der vitalen Lebenskraft sowie der physischen Empfindungen. Aus der kreisenden Drehbewegung dieser Energiezentren leitet sich ihre Bezeichnung *Chakra* = »Rad« ab. Sie dienen als Empfangsstation, Transformator und Verteiler von Energie.

Jedes der sieben Chakras steht mit bestimmten Organen und einem Körperbereich in Verbindung. Außerdem existiert eine Verbindung zu dem endokrinen System: Forschungen auf diesem Gebiet lassen den Schluß zu, daß die Chakras mit den sieben Hauptdrüsen unseres Körpers identisch sind. Demnach würden die Nebennieren dem Wurzel-Chakra, die Leber dem Nabel-Chakra, die Schilddrüse dem Kehlkopf-Chakra und die Hypophyse dem Stirn-Chakra entsprechen.

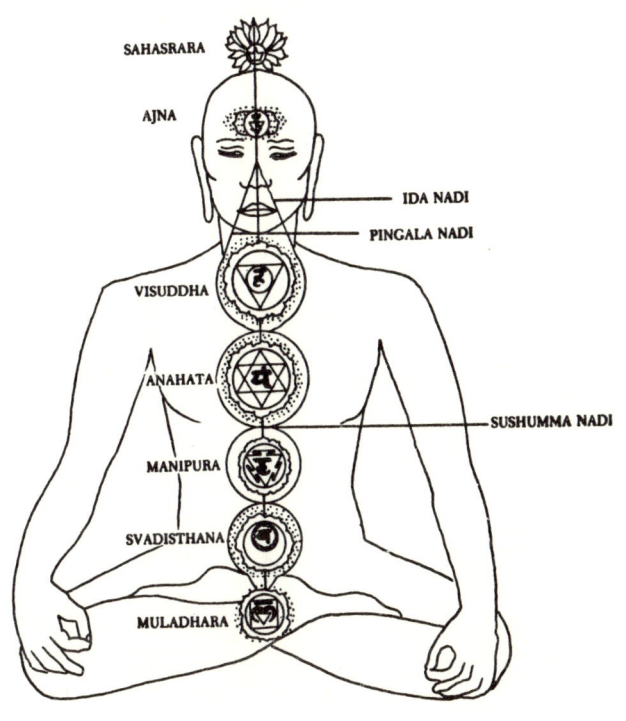

DIE SIEBEN CHAKRAS

Jedes der sieben Chakras schwingt in einer Farbe, die seiner Funktion entspricht, und ebenso hat auch jede endokrine Drüse eine ihr eigene Farbe. Liegt das bereits erwähnte »Streß-Syndrom« mangelnder Anpassung vor, kann es mit der für diese Ebene in Frage kommenden Farbe behandelt werden.

ÜBERSICHT ÜBER DIE 7 CHAKRAS

Name des **Chakra**	Lage im Körper	Grundfunktion	Harmonieaspekt
Muladhara Wurzel-Zentrum	zwischen Anus und Genitalien (Steißbein)	Vitalenergie	stabilisierend erdend
Svadhisthana Sakral- oder Sexual-Zentrum	am oberen Teil des Kreuzbeins	Fortpflanzung	reinigend in Fluß bringend
Manipura Nabel-Zentrum (Solarplexus)	zwei Fingerbreit über dem Nabel	Ausstrahlung und Gestaltung	umwandelnd gestaltend
Anahata Herz-Zentrum	in der Mitte der Brust (Brustbein)	Liebe und Hingabe	öffnend und verbindend
Vishudda Hals- oder Kehlkopf-Zentrum	zwischen Halsgrube und Kehlkopf	Kommunikation und Kreativität	mitteilend und verbindend
Ajna Stirn-Zentrum (Drittes Auge)	in der Mitte der Stirn	Intuition und Erkenntnis	erkennend
Sahasrara Kronen-Zentrum (1000 blättriger Lotos)	am Scheitelpunkt des Kopfes (Fontanelle)	Bewußtsein reines Sein	transzendierend

UND IHRE ZUORDNUNGEN

Drüsen + Hormone	Organe	Sinnesfunktion	Farbe
Nebennieren- Adrenalin, Noradrenalin	Anus, Darm, Wirbel- säule, Knochen, Blut, Zellaufbau	Geruchssinn	ROT
Keimdrüsen, Eierstöcke, Hoden - Östrogene	Fortpflanzungs- organe, Nieren, Blase, Blut, Lymphe	Geschmackssinn	ORANGE
Bauchspeicheldrüse - Insulin (Leber / Galle)	Verdauungssystem, Magen, Milz, Leber, Galle, veg. Nervensyst.	Gesichtssinn	GELB
Thymusdrüse- Thymohormon	Herz, Brustkorb Blut- und Kreislaufsystem	Tastsinn	GRÜN
Schilddrüse, Nebenschilddrüse - Thyroxin	Lunge, Bronchien, Speiseröhre, Kehle, Kiefer	Gehörsinn	BLAU
Hirnanhangdrüse (Hypophyse)	Kleinhirn, Ohren, Nase, Augen, Nerven	alle Sinne bzw. übersinnliche Wahrnehmung	INDIGO
Zirbeldrüse (Epiphyse)	Großhirn	–	VIOLETT

Die drei unteren Chakras, deren Energiefrequenzen langsamer schwingen, stehen mit den Grundbedürfnissen und Emotionen des Menschen in Verbindung; vor allem das 1. und 2. Chakra (Rot-Orange) sind sehr eng miteinander verknüpft, da sie beide die Funktion des Überlebens erfüllen. Die feineren Energien der höheren Chakras, ab dem Herz-Chakra, das eine entscheidende Stufe des Übergangs darstellt, entsprechen den geistigen und spirituellen Anlagen des Menschen.

Die Kunst, durch Handlung (Bewegung), Sprache und Denken auf die Chakras einzuwirken, ist eine Form des *Yoga.* Die Handlungs- oder Körperebene arbeitet mit bestimmten Körperpositionen und Atemübungen, die Sprache mit der Rezitation von Mantras (Energieformeln). Auf der geistigen Ebene konzentriert sich das Denken auf die jedem Chakra zugeordnete Farbe, um damit ein ihm entsprechendes Schwingungsfeld zu schaffen.

Die mit den Chakras korrespondierenden Farben verlaufen von unten nach oben in derselben Reihenfolge wie die Farben des Regenbogens – ein Zeichen für das Gesetz der Entsprechung in der Natur und die Verbindung Makrokosmos-Mikrokosmos. Zwischen der energetischen Funktion des Chakras und dem Symbolcharakter der ihm zugeordneten Farbe besteht ebenfalls völlige Übereinstimmung.

Der esoterische Aspekt von Farben

Die ursprünglich einmal geheime Lehre von den Chakras hat uns bereits in das Gebiet der Esoterik geführt. Die Alchimisten, Astrologen und Geheimwissenschaftler des Mittelalters und auch späterer Zeiten haben ihre Medizin auf Analogien zwischen Planeten, Pflanzen und Farben gegründet. Die Methoden des alten Heilwissens mögen heute, gemessen an den Erkenntnissen der medizinischen Wissenschaft, teilweise unzureichend anmuten – doch können sie jene ergänzen und in Fällen, die unerklärlich wirken, vielleicht sogar erhellen. Die Kenntnis der Natur trägt zur Selbsterkenntnis bei und umgekehrt. Diese Selbsterkenntnis kann die Erschließung aller Energien unterstützen, die der Mensch wahrgenommen und zum Ausdruck gebracht hat, seitdem er denkt – und seitdem er träumt. Denn so hochentwickelt er auch sein mag: Aus diesen »Träumen«, in denen die Erinnerung an die Archetypen wach wird, hat sich stets auch sein Denken genährt.

Entscheidend für die esoterische Sichtweise ist das Prinzip der *Analogie:* Alle Erscheinungsformen sind nach den Gesetzen von Harmonie und Entsprechung aufeinander bezogen und miteinander verbunden. Die Erkenntnis ähnlicher Prinzipien und die praktische Umsetzung dieses Wissens haben die Grundlagen der esoterischen Tradition gelegt. Auf den folgenden Seiten sollen die Beziehungen zwischen Farben und Planeten-Metallen-Edelsteinen-Düften übersichtlich dargestellt werden. Da Farbschwingungen in Edelsteinen besonders rein und konzentriert enthalten sind, wird an ihrem Beispiel die esoterische Farbsymbolik noch etwas eingehender untersucht.

Durch das Gesetz der Analogie in der Natur gibt es einen direkten Zusammenhang zwischen den Farbschwingungen von Edelsteinen und den von ihnen ausgestrahlten Energien. Die Eigenschaften der Mineralien sind zu einem sehr großen Teil mit ihrer Farbe verbunden. Bei den Edelsteinen liegen die Farbschwingungen in höchster Konzentration vor; ihre Intensität kann sich je nach Form und Schliff des Steins noch weiter verstärken. Diese Bedeutung der Farbe für das Kraftfeld der Steine und ihre Ausstrahlung läßt sich auch dadurch erklären, daß jene nicht von Menschenhand geschaffen und über einen langen Zeitraum hin entstanden sind, was ihnen eine sehr konzentrierte Energie gibt. Die Wirkungsweise dieser Energie läßt sich zumeist aus der symbolischen Bedeutung ihrer Farbe erklären.

Zumindest im Orient, in Indien und in Ägypten war der Einfluß der Planeten und der analog damit wirkenden Strahlung von Edelsteinen auf die physischen, psychischen und geistigen Aspekte des menschlichen Verhaltens anerkannt. Vermutlich werden die von Edelsteinen ausstrahlenden Farbschwingungen nicht allein zur Lösung von bestimmten körperlichen oder seelischen Problemen ausreichen, doch können sie zumindest unterstützend herangezogen werden. Auch hier gilt allerdings, daß von einer solchen Form der Energie niemals eine Wirkung (und schon gar nicht ein »Wunder«) erwartet werden kann, wenn man dieser gegenüber selbst passiv bleibt.

Die Edelsteine können einfach als Schmuckstücke getragen werden und auf diese Weise elektromagnetische Strömungen harmonisch beeinflussen. Sie können auch auf die erkrankte Stelle gelegt werden. Nach alter Methode wurden Edelsteine verbrannt und die so gewonnene Asche in pulverisierter Form als Medikament verwendet.

Jeder Stein hat seine individuellen Eigenschaften, doch fast immer sind bei Materialien mit ähnlicher Farbe verwandte Merkmale festzustellen. Die Wirkung auf ein bestimmtes Organ im menschlichen Körper kommt oft auch aufgrund derselben Farbe von Organ und Stein zustande. So haben beispielsweise Rubin, Hämatit und Koralle eine günstige Wirkung auf Erkrankungen von Herz, Blut und Kreislauf; Aquamarin, Smaragd, Lapislazuli und Saphir wurden als Mittel bei Augenentzündungen verwendet, und der Topas mit seiner an die Gallenflüssigkeit erinnernden Farbe galt als Lebermittel.

Einige Beispiele
zur Farbsymbolik und Heilwirkung von Edelsteinen

Der *Diamant,* dieser »Splitter der Ewigkeit«, wie die Inder ihn nennen, wird aufgrund seiner außerordentlichen Härte (und damit Beständigkeit) als Symbol für Kraft und Kühnheit angesehen.

Am Beispiel des Diamanten gibt uns die Natur eine sehr schöne Lektion in Bescheidenheit. Der Diamant besteht aus einem einfachen Körper in reinem Zustand: dem Kohlenstoff. Von einem simplen Stück Kohle unterscheidet er sich nur durch eine andere Form der Kristallisation.

Der Diamant ist durchscheinend, und man könnte ihn für farblos halten; doch sind in seinen Facetten alle Farben des Regenbogens vereinigt. Seine konzentrierte Lichtenergie vertreibt die Angst und schenkt dem Geist Kraft, und ebenso stärkt der Diamant die Vitalität, wirkt fiebersenkend und ist gut für die Augen.

★

Der Smaragd ist aufgrund seiner Farbe Symbol für Vitalität, Fruchtbarkeit, Lebenskraft und Regenerationsfähigkeit. Aus diesen Qualitäten heraus wird ihm Einfluß auf Aktivität, Energie und Widerstandskraft zugeschrieben. Für Heilzwecke wurde er vor allem mit den Augen in Verbindung gebracht, die bei seinem Anblick niemals müde werden, sondern Linderung erfahren und gestärkt werden.

Der Smaragd ist auch ein Symbol für Harmonie, Inspiration und Weisheit. Der Gralskelch hat seine Farbe und auch die Magische Smaragdene Tafel des Hermes Trismegistos.

Dem *Rubin* wurden aufgrund seiner Farbe, die ihn mit dem Feuer-Element verbindet, sehr wirksame Eigenschaften zugeschrieben, die zumeist mit Blut assoziiert sind: So wirkt er blutstillend und wundheilend, als Herz- und Kreislaufmittel, bei Anämie, allgemeiner Kraftlosigkeit (Asthenie) und Nervenschwäche (Neurasthenie) sowie auf die Geschlechtsorgane und die Gallenblase.

Für Menschen vom sanguinischen Typus kann seine Wirkung jedoch so stark sein, daß er Kreislaufstörungen auslösen wird. Auch bei einem Hang zum Exzeß oder zur Gewalttätigkeit unterstützt er Zorn, Gier, übermäßigen Ehrgeiz und ausgelebte Aggression.

Der *Saphir* ist durch seine himmelblaue Farbe von der Transparenz des Azurs Sinnbild für das Göttliche und seinen Ausdruck der Unsterblichkeit. Im Osten galt er auch als symbolische Entsprechung der »Blauen Blume«, der archetypischen Blume des Irrationalen, die vom Herzen zum Gehirn des Menschen wächst und damit der kühlen und trockenen Intelligenz die intuitive Erkenntnis und die intuitive Liebe vermittelt, die aus der Seele kommen.

Natürlich muß ein solcher Stein außerordentlich wohltuende Eigenschaften besitzen. Er kühlt den Körper bei Fieber ab und reguliert die Transpiration, trocknet Geschwüre aus und läßt Hautunreinheiten verschwinden, hilft bei Kopfschmerzen und Gedächtnisschwund und als Augenheilmittel.

Der goldgelbe *Topas*, dessen griechischer Name »topazion« soviel wie »gesucht-gefunden« bedeutet, stand nicht nur in dem Ruf, als Goldmagnet das kostbare Metall anzuziehen und Schätze aufzuspüren. In der Heilkunde galt er als Mittel gegen Asthma, Gicht, Leberbeschwerden, Hämorrhoiden, Schlaflosigkeit und allgemein geistige Probleme.

Der *Amethyst* ist von hell- bis dunkelvioletter Farbe und steht symbolisch für Weisheit, Hellsichtigkeit, Glauben und spirituelles Erwachen. Seine Färbung ließ ihn zum »Stein der geistigen Macht« werden; daher schmückt er wohl auch den Bischofsring.

Durch die Symbolik von Violett steht er sinnbildlich für Mäßigung, und daher hieß es von ihm, daß er der Trunkenheit entgegenwirke, wenn er auf den Nabel gelegt wird.

Ganz allgemein schützt er vor Selbstvergiftung. Ansonsten äußert sich seine Beziehung zum Scheitel-Chakra darin, daß er beruhigend auf die Nerven wirkt, Neuralgien und heftige Kopfschmerzen (Migräne) lindert und gegen Schlaflosigkeit hilft, wenn er über die Schläfen gestrichen wird.

Farbe	Planet	Metall*
Rot	Mars	Eisen
Orange Gelb (oder Gold)	Sonne	Gold
Grün	Venus	Kupfer
Blau (Hellblau und Indigo)	Jupiter	Zinn
Violett	(Merkur?)	(Quecksilber?)
Weiss	Mond	Silber
Schwarz	Saturn	Blei

* Die symbolische Farbe eines Metalls wird durch seine **Salze** bestimmt.

Edelsteine	Düfte
Rubin, Granat, Rote Koralle	Zeder, Nelke, Minze
orange: Karneol, Topas gelb: Tigerauge, Bernstein goldgelb: Edeltopas (Diamant)	orange: Sandel gelb: Zitrone, Bergamotte, Lavendel, Rosmarin
Smaragad blaugrün: Türkis	Rosenöl Flieder, Veilchen
hellblau: Smaragd Aquamarin (Türkis) Indigo: Lapislazuli	hellblau: Salbei Eukalyptus Indigo: Jasmin
Amethyst	Weihrauch, Lotos
Perle, Mondstein	Seerose, Iris
Onyx, Opal	Bruyère, Farn Fichtennadeln

Die Symbolkraft der Farbe Rot

Rot ist vermutlich die erste Farbbezeichnung überhaupt, die der Mensch verwendet hat. In manchen Sprachen ist das Wort für »farbig« identisch mit dem Wort für »rot«, zum Beispiel im spanischen *colorado*.

Rot ist die Farbe von Feuer und Blut: Prinzipien, die beide mit Verbrennung, mit Veränderung und mit Vitalenergie zu tun haben. Rot als Sinnbild für die physische Seinsebene steht für Gesundheit und Kraft ebenso wie für Freundschaft und Liebe.

Nach dem Prinzip der Doppelbedeutung, die jede Farbe annimmt, hat auch das so eindeutig wirkende Rot eine zweifache Wertung, die sich bei dieser expressiven Farbe in einem besonders dramatischen Gegensatz äußert. Das Prinzip des Feuers kann gleichzeitig positiv und / oder verwandelnd oder zerstörerisch sein, und die beiden Pole sind mit dem Begriffspaar *Liebe* und *Krieg* zu umschreiben.

In ihrem positiven Aspekt steht die Farbe Rot für das *Herz:* Symbol für Leben und Wärme, Großzügigkeit und Impulsivität, für Mut und Begeisterung, für Liebe und Begehren – wobei die Leidenschaft darin schon leicht in ihr Gegenteil, den Haß, umschlagen und zerstörerische Aspekte annehmen kann. Unsere Redewendungen wie »sich ein Herz fassen« oder »einem schwer oder leicht ums Herz sein« usw. weisen auf die Bedeutung des Herzens als Zentrum unserer Lebenskraft hin. Auf diese Energien hat die Farbe Rot eine äußerst anregende Wirkung. In einer Umgebung, wo sie dominiert, erhöht sich deutlich die Anzahl der Herzschläge. In kalten Ländern, wo Wärme eher fehlt, hat Rot eine positivere Bedeutung als in der Hitze des Südens, wo es seine zerstörerischen Seiten leichter entfalten kann.

Denn Rot, die Farbe des Feuers der Liebe, ist als Farbe des Blutes auch mit Haß, Krieg und Gewalttätigkeit verbunden. In der griechischen Mythologie war Rot die mit dem Kriegsgott Mars assoziierte Farbe, und der Planet Mars hat tatsächlich einen rötlichen Schein. Bei dem indianischen Stamm der Irokesen ist das Wort für »rot« und für »Krieg« identisch. Rot wurde von den Kämpfenden auch gern zur Demonstration ihrer Stärke getragen. Die Römer verwendeten ebenso wie die Spartaner während ihrer Schlachten eine rote Fahne zur Anregung ihrer Drüsentätigkeit; das gab den Soldaten einen Adrenalinstoß und erhöhte ihre Kampfeslust.

Mit diesem Stichwort wird die Verbindung zwischen Aggression und Sexualität berührt, und tatsächlich ist Rot ebenso die Symbolfarbe für alle kriegerischen Eigenschaften wie für (männliche) Sexualität und Potenz. Diese Zuordnung hat auch mit der Intensität von Rot zu tun: Das aktive, kräftige Rot gilt gemeinhin als »männlich«. Dagegen ist das gedämpftere, mehr in sich ruhende (und mit der Menstruation verbundene) Dunkelrot »weiblich«.

Rot löst Reaktionen zwischen Anregung-Erregung-Übererregbarkeit bis hin zu Reizbarkeit aus. Keine andere Farbe kann die unterschiedlichsten Affekte besser zum Ausdruck bringen: Man wird rot, weil man verlegen ist und sich schämt – man wird aber auch rot vor Zorn. »Rot sehen« ist ein alter und noch heute benutzter Ausdruck mit der Bedeutung, den Verstand zu verlieren, sich zu vergessen und zu unsinnigen Handlungen hinreißen zu lassen.

In diesem Zusammenhang steht Rot als Symbol für die Entfesselung ungezügelter Gefühle, wie Zorn, Wut und Leidenschaft, der zumeist negativen Ausformung von Liebe. Der Gegenpol zur göttlichen Liebe ist die rauschhafte, ekstatische Liebe des Menschen. Sie wurde – wie der Wein, ein anderes Symbol für Blut – mit dem Gott Dionysos assoziiert, und dieser wurde bezeichnenderweise mit einem roten Mantel bekleidet dargestellt.

Übergreifend ist Rot in diesem Zusammenhang die Entsprechung für Egoismus, für Selbstsucht, Fanatismus und Stolz. Es wird auch durch das Höllenfeuer und den Teufel als das personifizierte »Böse« versinnbildlicht. Es ist die Farbe der Sünde, des Verbrechens und auch der Sühne – zum Teil bis heute ist es eine Farbe der Justiz geblieben, selbst wenn es die rot gekleideten Henker nicht mehr gibt.

Aus der Assoziation mit »Blut« und »Opfer« wird der Farbe Rot auch die Symbolbedeutung der *Nächstenliebe* zugeschrieben. Diese Doppelwertigkeit spiegelt sich in der Ikonographie des tibetischen Buddhismus wider: Die Farbe Rot entspricht der *Padma*-Energie, sie wird dem Element Feuer und der Himmelsrichtung Westen zugeordnet. Ihr Symbol ist der Lotos. Auf der Ebene menschlicher Verwirrung wird sie mit Leidenschaft und Begehren assoziiert, kann jedoch durch unterscheidende Weisheit in vollkommenes Mitgefühl umgewandelt werden.

In der Volksüberlieferung galt Rot früher als verbotene Farbe, die daher häufig von »gefallenen« Mädchen und Prostituierten getragen wurde. Das klingt sogar noch in dem Märchen vom *Rotkäppchen* nach, wo das Mädchen, das vom Wolf verschlungen wird, diesen durch die Farbe seiner Kopfbedeckung angezogen hat – so meint jedenfalls die Tiefenpsychologie, da die gewaltsame Farbe Rot die Entfesselung unkontrollierter sexueller Kräfte ausgelöst habe. Auch in dem schon erwähnten »Rot sehen« klingt diese Assoziation noch an.

Blut, als Ausdruck der Vitalität, galt in vielen alten Kulturen als Sitz der Seele. Wenn nicht mit Blut selbst, so wurden früher nach dem Grundsatz »Gleiches heilt Gleiches« gern »rote« Mittel für die Behandlung entsprechender Krankheiten verwendet, auch in der Form von roten Umschlägen und Wundverbänden. Außerdem sollte die Kraft der Farbe Rot vor Krankheiten schützen. Deshalb wurden kleinen Kindern wohl rote Bänder umgehangen – ein

Brauch, der später aufgegeben wurde, weil nach dem Grundsatz der Analogie die Kinder dadurch möglicherweise weniger geschützt wurden, als daß sie zu Überregbarkeit neigten.

Bei den sogenannten »Babyfarben«, Rosa für kleine Mädchen und Blau für kleine Jungen, fällt auf, daß nach der allgemeinen Zuordnung Rot = männlich und Blau = weiblich die Farben hier vertauscht zu sein scheinen. Dies erklärt sich möglicherweise aus dem alten Volksglauben, daß die erwähnten roten Bändchen männlichen Säuglingen Krankheit und Unglück bringen sollen. Die Hintergründe für diese Annahme sind nicht bekannt, doch solchen Volksbräuchen liegt entweder ein uraltes Wissen oder ein instinktives Handeln zugrunde. Wie man weiß, geraten Stiere oder Truthähne beim Anblick der Farbe Rot in große Erregung, wenn nicht Wut. Dies gilt auch für andere Tiere. So zeigten beispielsweise Insekten bei entsprechenden Versuchen Angst und Unruhe. Dies waren aber immer nur *männliche* Tiere, die weiblichen blieben unbeeindruckt.

Auch in der aus der Alchimie hervorgegangenen Heraldik ist der doppelte Aspekt der Farbe Rot bewahrt geblieben: Sie steht hier für die geistige Liebe und gleichzeitig für so weltliche Tugenden wie Tapferkeit und Mut im Kampf; für Laster wie Grausamkeit und blinde Wut; für das Feuer, den cholerischen Menschentypus, den Rubin usw. Rot hatte, wie Weiß, auch die Bedeutung einer Todesfarbe (Blut), und Purpurrot wurde bei Opfer- und Initiationsriten verwendet.

In Ägypten war Rot die Farbe der guten Geister. Dort galt sie, ebenso wie bei den Indern und Griechen, als Symbol für die heiligende und regenerierende Kraft der Liebe. Als Sinnbild der göttlichen Liebe im Christentum wurden Purpur- und Scharlachrot zu Farben der Priester – noch heute ist Rot die Farbe der Kardinäle –, was auch den

Aspekt einer durchaus weltlichen *Macht* widerspiegelt. Dieser zeigt sich in den Herrschergewändern des alten Ägyptens und Griechenlands, über Rot als Farbe der römischen Generäle und Patrizier sowie der Kaiser des Oströmischen Reiches bis zur Oriflamme, der Kriegsfahne der französischen Könige. Zusammenfassend läßt sich Rot von der symbolischen wie der psychologischen Bedeutung her als Ausdruck einer aktiven Lebensbejahung in ihren unterschiedlichsten Aspekten bezeichnen.

Die Symbolkraft der Farbe Orange

Als Mischfarbe aus Rot und Gelb vereinigt Orange auch die Qualitäten dieser beiden Energien in sich und verbindet Körper und Geist. Es ist damit Symbolfarbe für Gleichgewicht und harmonische Entfaltung. Es steht für Liebe *und* Weisheit, vor allem den Aspekt der Inspiration und Intuition, die aus dem Herzen kommen. Dies stimmt mit der alten Symbolik überein, die dem Safran zugeschrieben wurde.

In der religiösen Symbolsprache ist Orange Ausdruck der universellen göttlichen Liebe. Als Erleuchtungsfarbe bestimmt sie die Roben der buddhistischen Mönche, denn Rot, Gelb und Orange als Sonnenfarben stehen hier symbolisch für die Erweckung des Bewußtseins. Als Farbe der aufsteigenden Energie und des Triebs stellt sie einen Punkt des Gleichgewichts zwischen Geist und Libido dar, und diese Doppelwertigkeit zeigt sich in den orangefarbigen Gewändern der Sannyasins. Es geht nicht um die Entsagung, sondern um die Umwandlung von Energie: Durch die disziplinierte Praxis des Tantra wird eine kosmische Dimension der Liebe erfahren.

In Verbindung mit der Farbe Orange kommt auch der Musik eine große Bedeutung zu, da sie den Körper mit Sinneswahrnehmung und Emotion verbindet. Die tantrische Erfahrung bezieht dieses Moment ebenso ein wie die buddhistischen Mönche Tibets, die Glocken, Zimbeln, Hörner und Klangschalen in ihren Ritualen verwenden.

Durch die Abschwächung und damit Mäßigung von Rot hat Orange eindeutig seine eigenen Merkmale. Es ist die Farbe von Genuß und subtiler Lebensfreude und galt als Symbolfarbe für das eheliche Glück und dessen Dauerhaftigkeit. Deshalb schmückten sich u. a. die römischen Bräute mit einem orangefarbigen Schleier. Das Gleichgewicht dieser *Misch*farbe ist aber ziemlich fragil, was vermutlich dem Verhältnis Geist / Trieb entspricht. Ist es zerstört, wird Orange zur Symbolfarbe für ungezügelte Sexualität und Ehebruch, für Treulosigkeit allgemein. In der Heraldik ist diese Farbe Sinnbild für Verstellung und Heuchelei. Die Ringelblume, französisch *fleur de souci* = »Blume der Sorge«, gilt noch heute aufgrund ihrer Farbe als Attribut des gehörnten Ehemanns. Die Farbe Orange scheint speziell mit der *weiblichen* Untreue assoziiert worden zu sein. Im Altertum war sie auch die Farbe eines *gerächten* Ehebruchs, da Rot die Farbe der Rache und Gelb die dem Verrat zugeschriebene Farbe war. Häufig wurden auf Gräbern safrangelbe bis orangerote Blumen vermutlich auch zur Versöhnung von rachsüchtigen Gottheiten gepflanzt.

Wir sehen, daß der Farbe Orange durch ihren Mischcharakter und wohl auch durch ihre Verbindung mit dem Sexual-Chakra eine deutlich ambivalente Symbolkraft zugeschrieben wird.

Die Symbolkraft der Farbe Gelb

Gelb ist die Farbe der Sonne und des Goldes – eine Symbolik, die sich im Gold als »Sonne der Alchimisten« vereint. Die warme Farbe Gelb hat ähnliche Merkmale wie Rot, doch ist sie stärker von Licht erfüllt und damit mehr mit der Intelligenz als mit dem Herzen verbunden. Als Lichtfarbe wird Gelb assoziiert mit geistiger Aktivität und Erneuerung, mit Optimismus, mit Weisheit, die sich vor allem im Wort manifestiert. Die Begriffe für Gold-Licht-Wort haben sich im kollektiven Unbewußten der Menschheit miteinander vermischt, wovon Ausdrücke wie »goldene Kehle« oder das französische *parler d'or* = »das rechte Wort am rechten Platz sprechen« zeugen.

In alten Texten wird der Symbolwert der Farbe Gelb-Gold aus der Wärme und dem Licht der Sonne abgeleitet. Der Aspekt von Fülle, ja Überfluß spiegelt sich in so nährstoffreichen Lebensmitteln wie Eigelb, Öl, Honig und Mais wider. Die symbolischen Goldenen Äpfel aus den Gärten der Hesperiden sind Früchte der höheren Geistigkeit: Man kann sie nur pflücken, wenn vorher die menschlichen Leidenschaften überwunden worden sind. Auch die Verwendung der Farbe Gelb in den Bildern Vincent van Goghs zeugt von einer solchen Transzendierung der Materie durch Licht.

Gelb als Symbol für die Ausstrahlung und die positive Energie der Sonne ist die emblematische Farbe des iranischen Lichtgottes Mithra gewesen; in Griechenland war es die Farbe Apolls, des Gottes der Weissagung, des Heilwissens und der Künste. Eine besonders positive Bedeutung wird der Farbe Gelb in Asien, vor allem in China, zugeschrieben. Hier ist es die Farbe des Kaisers – eine mythische Urgestalt war der »Gelbe Kaiser« – und Symbol für Harmonie, höchste Weisheit und Kultur. Für die »gelbe Rasse« ist Gelb die schönste Farbe überhaupt!

In anderen Teilen der Welt, vor allem im christlichen Abendland, hat Gelb aber eine eindeutig ambivalente Symbolik mit einer ausgeprägten Gut / Böse-Polarität, die Weisheit und Intelligenz Neid und Verrat gegenüberstellt. Gelb kann vielleicht sogar als die zwiespältigste Farbe überhaupt angesehen werden. Die von der Sonne abgeleitete Symbolik ist eindeutig positiv; dagegen hat die von Gold abgeleitete Symbolik vermutlich zu der überwiegend negativen historischen Besetzung geführt. Das steht in Verbindung mit dem »Fluch des Goldes«, dem Tanz um das Goldene Kalb als Symbol für rein materiellen Reichtum, das Phänomen des »Goldfiebers«. Dieser Aspekt des Goldes birgt die Möglichkeit in sich, die Menschen zu verbrecherischen Taten treiben zu können. Gelb ist zur Symbolfarbe für alle nur erdenklichen negativen Eigenschaften geworden: Stolz, Hochmut, Geiz, Neid und Eifersucht, Falschheit und Verrat. Möglicherweise spielt in diese Assoziation auch die Farbe der Galle – als Sitz des Ärgers – mit hinein. Weil die Galle grünlich-gelb ist, gilt Grün als die zweite Farbe für egoistische Wesenseigenschaften. Man kann sowohl »gelb vor Neid« als auch »grün vor Neid« werden, doch ein unaufrichtiges, gekünsteltes Lachen heißt im Französischen eindeutig *rire jaune* (»gelbes Lachen«). Gelb ist eng mit Täuschung in der Form des Ehebruchs verbunden: Der französische Ausdruck *jaune cocu* für einen gehörnten Ehemann spiegelt diese Symbolik wider. Möglicherweise hat die Sonnenfarbe Gelb deshalb nach und nach diesen negativen Beigeschmack angenommen, weil sie so auffallend ist, daß sich niemand dahinter verstecken kann.

Die negative Bedeutung, zum Beispiel im Falle von Neid, wurde versuchsweise damit erklärt, daß dies einer über die eigenen Grenzen greifenden Haltung entspreche – und folglich die Umkehrung von geistiger Großzügigkeit und Liberalität sei, womit Gelb ebenfalls assoziiert wird. Eine Entsprechung dazu findet sich wieder in der Ikonographie des tibetischen Buddhismus: Neid ist hier grün, doch Gelb steht für die Eigenschaften von Stolz und Arroganz. Es gehört zur *Ratna*-Energie mit dem Symbol des Wunscherfüllenden Edelsteins. Sein Element ist die Erde, seine Himmelsrichtung der Süden. Durch die Weisheit des Gleichmuts können die negativen Eigenschaften in die Qualitäten von Freigebigkeit und unerschöpflichen Reichtum umgewandelt werden. Mit dem Geistesgift Stolz wird auch Luzifer, gleichzeitig der »Engel des Lichts«, assoziiert. Der giftige Schwefel, ein besonders schlagkräftiges Attribut des Teufels, ist ebenfalls gelb.

Gelb war im Mittelalter und auch noch in späterer Zeit die Farbe der Geächteten. In Frankreich wurden die Haustüren von Verrätern und Betrügern gelb angestrichen. Für Streikbrecher gibt es noch den Begriff *un jaune*. Prostituierte oder uneheliche Mütter mußten gelbe Kopftücher oder Hauben tragen, Ketzer ein gelbes Kreuz, Juden den gelben Stern oder einen spitzen gelben Hut. Bei den Juden soll der Vorwurf damit verbunden sein, den Herrn verraten zu haben. Auch Judas war auf manchen Kirchenfenstern in hellgelber Kleidung dargestellt.

In der Heraldik wird daher zur Symbolisierung positiver Eigenschaften das Metall Gold der Farbe Gelb vorgezogen. Gold stand damit für (geistige) Liebe, Beständigkeit und Weisheit, Gelb für das genaue Gegenteil: Unbeständigkeit, Eifersucht und Ehebruch. Schon vorher hatten die Mauren in Spanien diese Polarität durch unterschiedliche Farbnuancen gelöst: Goldgelb war eindeutig positiv besetzt und Emblem des materiellen wie geistigen Reichtums; das blasse, ins Grünliche gehende Gelb stand dagegen für Materialismus mit den erwähnten negativen Eigenschaften und auch für die Gefahren des Unbewußten.

Grün steht im Spektrum zwischen den warmen und den kalten Farben, wird jedoch eher letzteren zugerechnet. Durch die Assoziation mit Chlorophyll ist es die dominante Farbe im Pflanzenreich und durch die Erfahrung des vegetativen Wachstums die Symbolfarbe des Lebens überhaupt. Grün als die Farbe der Schöpfung ist eine stark mit dem Prinzip der Aktivität verbundene Farbe. Grün, nicht Blau, ist auch die Farbe des Wassers, aus dem alles entsteht (Blau wird dem Element Luft und dem Himmel zugeordnet). Es ist die Farbe von Venus-Aphrodite, der aus dem Schaum des Meeres geborenen Göttin der Vegetation, deren Farbe die Erde wie einen »Grüngürtel« trägt. Venus-Aphrodite ist auch die Göttin der Liebe, und Grün ist die Farbe des Herz-Chakras. Als Wochentag wird Venus der Freitag zugeschrieben, der Tag der nordischen Göttin Freya, der »Göttin der Hoffnung« – wieder erweist sich die Symbolsprache des Unbewußten als äußerst stimmig.

Grün personifiziert den weiblichen Aspekt der Natur. In diesem Zusammenhang wird es auch, wie Blau, mit dem dunklen Schoß der Erde assoziiert: »Ich werde die Nacht besingen«, heißt es bei Orpheus, »die Nacht, Mutter der Götter und Menschen, die Nacht, Ursprung aller erschaffenen Dinge, wir heißen sie Venus.« Die Große Mutter als Göttin des Ursprungs kann eine grüne (Isis) oder schwarze (Kali) Göttin sein.

Grün ist die Komplementärfarbe von Rot – ebenso wie Wasser das Gegenteil von Feuer. Der gleichzeitig gegensätzliche und einander ergänzende Charakter dieser beiden Farben ist Ausdruck für die Idee von Veränderung und permanenter Regeneration, wobei das Feuer-Rot die Verbrennung beschleunigt und zur Erneuerung führt, während Grün diese Erneuerung ermöglicht und ankündigt. Die Regeneration der Natur geht Hand in Hand mit der

Regeneration des Geistes *(spirit)*, für deren erste Stufe in der Alchimie sinnbildlich die Farbe Grün steht.

Grün	*Rot*
Wasser	Feuer
passiv	aktiv
weiblich	männlich

Regeneration

Seit dem Altertum wurde Grün als Sinnbild des Lebens und seiner Regenerationsfähigkeit in Verbindung mit dem Wasser und der Vegetation verehrt. In Ägypten galt der Skarabäus, der heilige grüne Käfer (der auch die Symbolik von Türkis*blau* in sich trägt), als Symbol der Ewigkeit und damit gleichzeitig der für die Wiedergeburt notwendigen Erneuerung; dieser Gedanke wird auch durch die Nähe zum Wasser und den damit verbundenen Aspekt der Reinigung nahegelegt. Nach der indischen Tradition schafft der grüne Strahl das Gleichgewicht zwischen Ursache und Wirkung und hat also mit Karma und demnach ebenfalls mit dem Gedanken der Wiedergeburt zu tun. Bei den Chinesen ist Grün die emblematische Farbe für langes Leben. Dem entspricht im Abendland die Zuordnung als Symbolfarbe des Grals (Smaragd) und der ewigen Jugend. Dieser Gedanke der Unsterblichkeit läßt Grün in der christlichen Symbolik zur Farbe der Auferstehung und, zumindest in einigen alten Darstellungen, zur Farbe des Kreuzes Christi werden.

Aus der sakralen Symbolik, die mit der Idee der Gnade verbunden ist, wird auf profaner Ebene das Prinzip der Hoffnung, das heißt, in der Welt der Materie die Idee einer Erneuerung der Natur und die Verheißung des Frühlings. Hier wird das Symbol für die geistige (Wieder-)Geburt zum Symbol für die physische Geburt – was so weit führte, daß dem Smaragd aufgrund seiner Farbe die wunderbare Eigenschaft zugeschrieben wurde, die Geburt eines Kindes beschleunigen zu können. Aus der Hoffnung auf Unsterblichkeit wurde die Hoffnung auf die Freuden dieser Welt. Bei den Mauren beispielsweise ist Grün die erfrischende Farbe des Frühlings, der auf eine reiche Ernte hoffen läßt, und steht für Werte wie Freude und Jugend.

Grün ist die heilige Farbe des Islam: das Symbol der Einweihung in die Erkenntnis Gottes. Dies wurde bisweilen damit erklärt, daß es die Lieblingsfarbe Mohammeds gewesen sein soll, doch es beruht nicht auf dem Zufall. Den Gläubigen wurde im Jenseits ein üppiges und sinnenfrohes, ein *grünes* Paradies versprochen – eine Vorstellung, die Wüstenvölker begeistern muß! Als Farbe des ewigen Lebens ist grün eine »männliche« Farbe, und in einer von Natur aus kargen Welt ist sie auch gleichbedeutend mit materiellem Wohlstand. In Nordeuropa ist Grün dagegen als normal empfundene Farbe der Natur »weiblich«, und da sie hier als etwas völlig Alltägliches erlebt wird, kann sie durchaus auch negative und zerstörerische Züge annehmen – womit wir zur Doppelwertigkeit von Grün kommen.

Die Farbe Grün, als Mischfarbe aus Blau und Gelb, ist nicht »rein wie der Azur«. Auch sie hat eine Doppelnatur und wird Janus, dem Gott der Tordurchgänge mit den zwei Gesichtern für Leben und Tod, zugeordnet. Besonders in der bereits erwähnten Verbindung mit Schwarz wird Grün, die Farbe des Lebens, zur Farbe von Verfall und sogar Zerstörung. Dieser negative Aspekt entspricht in der Alchimie der *Putrefactio*, der Phase der Fäulnis und Verwesung. Ein dunkles Türkis oder Blaugrün – hier spielt wieder der Faktor Schwarz mit hinein – kann Hoffnungslosigkeit bezeichnen, Graugrün Eifersucht und Täuschung.

Die Assoziation »grün vor Neid« wurde bereits im Zusammenhang mit ähnlichen Aspekten der Farbe Gelb erwähnt. Dies entspricht wiederum der Ikonographie des tibetischen Buddhismus: Grün ist hier der *Karma*-Energie mit dem Symbol des Schwertes zugeordnet. Sein Element ist der Wind, seine Himmelsrichtung der Norden. Die negative Form von Eifersucht oder Neid wird durch die allesvollendende Weisheit umgewandelt in die notwendige Energie zur Vollkommenheit aller Handlungen.

Grün, die Verbindung aus dem intellektuellen (Gelb) und dem spirituellen (Blau) Geist, ist die Farbe des Herz-Chakras und mit Werten wie Sympathie, Altruismus und Nächstenliebe verbunden. Besonders Hellgrün steht für Zuneigung und Mitgefühl.

Von der Farbe Grün hieß es früher, daß sie Unglück bringe, und dies traf besonders dann zu, wenn eine Frau ein grünes Kleid trug. Noch heute kommt Grün bei der Beliebtheitsskala der Farben auf wenig mehr als 10%. Möglicherweise lassen sich diese scheinbar abergläubischen Vorstellungen sogar aus der Tradition einer gar nicht allzuweit zurückliegenden Vergangenheit erklären: Grün war diejenige Farbe, die im Mittelalter in Frankreich von den Narren getragen wurde. Grün als die Farbe des Verfalls besitzt auch den Aspekt des geistigen Wahnsinns. Geistig gestörte Menschen können seltsamerweise die ansonsten so beruhigende Wirkung der Farbe Grün auf dem Land ganz und gar nicht vertragen.

In der Mischung mit Gelb wird Grün, obwohl es eine Hauptfarbe unserer Nahrung ist, sogar zu *Gift*grün, was sich möglicherweise u. a. aus seiner Verbindung mit Grünspan und Arsen als Malfarbe erklären läßt.

Und es kommt noch schlimmer mit dieser hoffnungsvollen Farbe des Lebens: In den Glasfenstern mittelalterlicher Kathedralen sind häufig Darstellungen des Teufels mit grüner Haut und grünen Augen zu finden. Hier spielt sicherlich auch die Symbolik der Schlange und des Dra-

chens mit hinein. Das satanische Grün wurde zum Sinnbild für Täuschung und Betrug – oder auch für besonders
unangenehme Empfindungen: Die französische Wendung
au diable vert (»beim grünen Teufel«) entspricht unserem
»am Ende der Welt« und bezeichnet die Erfahrung von to-
taler Einsamkeit. Die Ambivalenz der Farbe Grün ist
wahrscheinlich aus den gleichzeitig nährenden wie be-
drohlichen Aspekten von Mutter Natur zu erklären.

Die Symbolkraft der Farbe Blau

Im Bereich der Symbolik sollen alle Schattierungen von
Himmelblau bis Indigo gemeinsam behandelt werden, da
ihre Bedeutungen im wesentlichen identisch sind.

Blau ist die Farbe des Himmels (»Azur«) und der Luft;
nur sekundär wird sie auch mit Wasser assoziiert. Wie
Grün (Wasser) und Schwarz (Erde), ist auch Blau ein passi-
ves, empfangendes, weibliches Element. Das reine Blau
steht für die geistige, spirituelle und religiöse Seinsebene
und symbolisiert Weisheit: die höheren geistigen Fähigkeiten, Idealismus, Wahrheit, Glauben, Treue und Hinga-
be, Intuition, Gelassenheit und Ruhe.

Die Transparenz von Luft und Himmel verweist auf die
Unendlichkeit – zunächst des Raumes, doch damit ver-
bunden auch der Zeit. Die griechischen Statuen von
Chronos-Saturn und Hermes-Merkur waren dementspre-
chend blau oder schwarz (häufig auch verschmolzen zu
Dunkelblau), denn ihr Symbolgehalt ist eng miteinander
verwandt, da das Fehlen von Licht auch das Fehlen von
Grenzen suggeriert. Die Saturn-Statuen in den Tempeln
neigten mehr zum Schwarz, die Priester waren blaugeklei-
det. Auch der griechisch-römische Göttervater Zeus-
Jupiter wird mit Blau assoziiert. Das Wort »Azur« bedeutet
Feuer und steht hier für ein inneres, sozusagen ätherisches

Feuer: Die feurige Natur, worin die Farben Rot und Blau vereint sind, ließ Zeus zum höchsten aller Götter werden. In der christlichen Symbolkunde ist Violett an diese Stelle getreten. Allgemein unterscheidet sie drei Nuancen von Blau:

1. das Blau, das aus dem Rot hervorgeht, versinnbildlicht die himmlische Liebe zur Wahrheit.

2. das Blau, das aus dem Weiß hervorgeht, steht für die Wahrheit des Glaubens.

3. das Blau, das sich mit dem Schwarz vereinigt, hat mit der kosmogonischen Vorstellung des Chaos vor der Schöpfung zu tun.

Diese drei Farbnuancen entsprechen den drei Stufen der antiken Einweihung in die Mysterien und den drei Aspekten der christlichen Taufe (Feuertaufe, Geisttaufe, natürliche Wassertaufe).

Azurblau, auch Himmelblau genannt, kann durch die Unendlichkeit des Raumes zur Farbe der Unsterblichkeit werden. Dies wissen wir aus der aztekischen und der ägyptischen Hochkultur; bei den Ägyptern war dieses Blau zudem eine Todesfarbe, wie Grabmale bezeugen. In den Ländern der Levante durfte die Trauerfarbe Blau daher nicht in der Gegenwart eines Herrschers getragen werden. Der türkisblaue Skarabäus aus den Mausoläen taucht bei ägyptischen Kriegern als Stein in Ringen auf, mit denen der Treueschwur bekräftigt werden sollte. Auf der weltlichen Ebene wird aus Blau als dem Symbol der ewigen Wahrheit und der Unsterblichkeit damit das uns vertraute Symbol der unwandelbaren Treue.

Bei den Ägyptern war Blau die heilige Farbe des Sonnengottes. Bei den Azteken war die Sonne, ihrer Symbolik nach, blau und wurde »Prinz des Türkis« genannt. Bei den Juden war Blau – oder die Blaue Stadt – Sitz der Unsterblichkeit. Das häufig transparent dargestellte Himmelblau ist Symbol für die Unendlichkeit einer anderen, vielleicht einer jenseitigen Welt und wendet sich damit an eine innere Sehnsucht des Menschen. Mehr als andere Farben wird es als immateriell und damit als unwirklich angesehen.

Einzig und allein aus diesem Aspekt läßt sich eine, wenn auch gedämpfte, negative Wertigkeit der Farbe Blau ableiten. Der Gedanke der Loslösung von der Erde, im Christentum v. a. auch von irdischen Gütern, ist mit der Idee von Verlust verbunden. Das zeigt sich in umgangssprachlichen Redewendungen wie »alles blau in blau sehen« (realitätsfremd sein) bis zu »blau sein« (ein Rauschzustand unter Verlust des Normalbewußtseins). Der »Blaue Vogel« oder die »Blaue Blume« sind Symbole für die Suche nach dem Wunderbaren oder – negativ ausgedrückt – eine Realitätsflucht. Freiheit-Phantasie-Traum: Der negative Aspekt der Farbe Blau ergibt sich aus einem unkontrollierten Umgang mit ihrer Versuchung. Ein Zuviel an Phantasie führt zu Wahnvorstellungen, die Vermischung von Traum und Realität zu Wirklichkeitsferne.

Die schon mehrfach herangezogene Ikonographie des tibetischen Buddhismus sieht diese Ambivalenz der Farbe Blau unter einem interessanten Aspekt: Das Symbol für die Farbe Blau ist hier die *Buddha*-Energie mit dem Rad der Lehre. Das zugehörige Element ist der Äther, die Position ist im Zentrum der anderen Farben. Auf der Ebene der üblichen geistigen Verwirrtheit symbolisiert Blau die Unwissenheit, die aufgrund der stumpfen Beharrungskraft des Ego die Dinge nicht beachtet und sich von ihnen abwendet. Durch die Weisheit eines allesdurchdringenden Bewußtseins verwandelt sie sich in wache Intelligenz – die auch die Unendlichkeit des blauen Himmels nicht aus den Augen verliert.

Violett entsteht aus der Mischung von Rot und Blau und symbolisiert damit die Vereinigung von Körper und höherem Geist (spirit). Es ist eine äußerst signifikante Mischfarbe, die eine Brücke zwischen völlig gegensätzlichen Qualitäten schlägt und wohl daher so unterschiedliche Assoziationen wie Macht, Unmoral, Spiritualität erwecken konnte. Als selbstgewählte Symbolfarbe des Feminismus steht sie, möglicherweise unbewußt, für die Verbindung von weiblich (Blau) und männlich (Rot).

Ist das Mischungsverhältnis zwischen beiden Farbanteilen ausgewogen, kommen die Grundbedeutungen von Rot und Blau zur Geltung, das heißt, die Liebe zur Weisheit und / oder die Weisheit der Liebe. Hat es einen gleichen Anteil an Rot und Blau, ist Violett die Symbolfarbe der Mäßigung. Daher gilt es wohl auch als Farbe der Priester und Mystiker, als Farbe für die Passion Christi (und der Märtyrer). Der Altarschmuck am Karfreitag ist eine Erinnerung daran.

Darüber hinaus weisend, steht die Farbe Violett für den spirituellen Weg. Sie ist Ausdruck für den ständigen Austausch zwischen der befruchtenden Kraft der Erde (Rot) und der kosmischen Kraft des Himmels (Blau). Sie beruht auch auf der Bewegung von Evolution und Involution und damit auf Tod und Wiedergeburt. So ist Violett in manchen Kulturen auch Trauerfarbe, zum Beispiel in China und am französischen Hof. Ob diese Farbe wohl deshalb etwas Dekadentes, Mattes und Melancholisches an sich hat? Im übertragenen Sinne könnte man diesen Symbolaspekt vielleicht so erklären, daß auf der Violett-Ebene, die dem obersten Chakra entspricht, das »kleine Ich« sterben muß, um mit dem »großen Ganzen« eins werden zu werden.

Von der Farbe Violett heißt es, daß sie die Meditation unterstütze. Die mit ihr in Verbindung stehenden Erfahrungen und Bewußtseinszustände sind mit Worten nur schwer zu beschreiben. Sie entziehen sich der logischen Verstandesebene und sind nur im eigenen Erleben begreifbar. Violett ist eine Farbe des Geheimnisses.

Ein ganz anderer Aspekt von Violett ist die Vorliebe für Zeremonie und Ritual und auch die Liebe zur Macht. Der Purpurmantel der Herrscher läßt sich vermutlich u. a. auch damit erklären, daß diese Farbe aufgrund ihrer schwierigen und kostspieligen Gewinnung aus unzähligen Purpurschnecken im Altertum und im Mittelalter die kostbarste Farbe überhaupt war. In der katholischen Kirche ist Violett die Rangfarbe der Bischöfe, während die rotgekleideten Kardinäle immerhin einen Amethystring tragen. Ungeachtet dieser Prunkentfaltung ist Violett aber auch die rituelle Farbe der Demut und des Gehorsams.

Neben Schwarz – und gemeinsam mit diesem – ist Violett *die* Farbe der Magie. Früher war es die Farbe des Zaubermantels und wird immer mit der ein wenig unheimlichen Seite der Phantasie und des Unwirklichen assoziiert. Ebenfalls in der Kombination mit Schwarz wird Violett mit Unmoral in Verbindung gebracht. Als Mischfarbe hinterläßt es stets einen ausgesprochen gemischten Eindruck, ein Gefühl von Zweideutigkeit, und ist damit eine ganz besonders schillernde und umstrittene Farbe.

Die Symbolkraft der Farbe Schwarz

Als ein Zustand des Fehlens von Farbe und damit der Negation von Licht (Weiß!) ist Schwarz zum Sinnbild für Irrtum, Falschheit und den Geist des »Bösen« schlechthin geworden. Gleichzeitig kann Schwarz jedoch auch als die Summe und Vereinigung aller Farben angesehen werden, die es vorher absorbiert und damit ausgelöscht hat, denn im Unterschied zu Weiß gibt es keine Farbe wieder zurück. Das mythische Bild »Saturn verschlingt seine Kinder« (Saturn / Chronos = der Gott der Zeit) entspricht der intuitiven Erkenntnis der Alten, daß Schwarz das Licht nicht reflektiert, sondern absorbiert. Ob Schwarz die Synthese oder Negation aller Farben ist, hängt von seinem *Glanz* ab.

Diese Auslöschung des Lichtes wird zumeist als Symbol für Finsternis oder »Nichts« interpretiert. Schwarz ist die sinnbildhafte Farbe für das uranfängliche Chaos, für Kälte, Unfruchtbarkeit und Tod. Es erweckt Trauer, Angst, das – als bedrohlich empfundene – Unbewußte. Es ist die Verkörperung von Prüfungen, Unglück und Schmerz. In der Mythologie wird dieses Unbewußte durch die diabolische Schlange oder den Drachen dargestellt – der Schatten, der besiegt werden muß, damit die eigene Umwandlung möglich werden kann. Schwarz ist hier auch mit der symbolischen Doppelwertigkeit der Farbe Grün verbunden *(siehe dort)*.

Diese Symbolik steht aber nicht nur für Finsternis und Zerstörung, für den Endpunkt der Umwandlung von Materie, sondern ebenso auch für das schöpferische Moment, das im Urbild des Chaos enthalten ist. Schwarz ruft die Assoziation von Tiefe wach und wird vom Unbewußten mit den Begriffen Dunkelheit-Wasser-Ursprung verknüpft. Es ist damit auch Ausdruck für den Gedanken der ewigen Wiederkehr und Erneuerung: Sinnbild für die Nacht, die dem neuen Tag vorangehen muß.

Wird die Farbe Schwarz Gottheiten als Attribut zugeschrieben, wie beispielsweise in Indien, Ägypten und Griechenland, stehen diese nicht unbedingt mit dem Geist der Finsternis in Verbindung, sondern sind die Verkörperung starker Energien. Ein eindrucksvolles Beispiel dafür ist die indische Göttin Kali, die ebenso mit Schöpfung wie mit Zerstörung assoziiert wird: die furchtbare und die fruchtbare Große Mutter. Abgesehen von den Schwarzen

58

Madonnen, bei denen man heidnische Ursprünge vermutet, wird Schwarz in der abendländisch-christlichen Überlieferung jedoch mit dem Bösen assoziiert, mit Tod und Teufel. Im Kontrast zu Schwarz gewinnt jede andere Farbe an Lebendigkeit, doch die symbolische Bedeutung kehrt sich durch die Kombination mit Schwarz in ihr Gegenteil um. Bei Rot wird in dieser Verbindung Liebe zu Haß (der Teufel), während Grün zusammen mit Schwarz für die Vernichtung des Lebens (der Drache) steht. Selbst heute reagiert das Unbewußte oft noch nach diesen traditionellen Strickmustern.

In der Schöpfungsgeschichte der Parsen wird erzählt, daß der erste Mann und die erste Frau von Ahriman, dem Prinzip der Finsternis, getäuscht wurden und der Versuchung erlagen. Nach diesem »Sündenfall« kleideten sie sich schwarz. Auch in anderen religiösen Traditionen gilt Schwarz seit altersher als Trauerfarbe. So war in Ägypten die Hieroglyphe für eine verwitwete Frau eine schwarze Taube. In der griechischen Mythologie verkündete ein weißer Rabe dem Gott Apoll die Untreue seiner Geliebten – und wurde deshalb mit seiner ganzen Sippschaft in den schwarzen Unglücksvogel verwandelt. Die Kriegsschiffe der Athener liefen, als Zeichen der Trauer, mit einem schwarzen Segel aus und kehrten nach einem errungenen Sieg mit einem weißen Segel zurück. Die Mauren wiesen der Farbe Schwarz die Bedeutung von Schmerz, Verzweiflung, Verfinsterung und Beständigkeit zu – wobei damit sowohl Beständigkeit in der Trauer als auch gegenüber Widrigkeiten gemeint war. Hier klingt die dem Saturn zugeschriebene Symbolik an.

In der Volksüberlieferung gilt Schwarz einerseits als Ausdruck des Todes und des Schmerzes darüber und andererseits als die »Farbe des Irrtums«. Die meisten Redewendungen, die sich um diese Farbe drehen, sind negativ besetzt, zum Beispiel in der französischen Sprache: *humeur noire* = »Trübsinn blasen« oder »schlechte Laune haben«, was sich vermutlich von der »schwarzen Galle« ableitet; *idées noires* = »trübe Gedanken haben«, entspricht unserem »schwarz malen«; *la bête noire* ist der »Buhmann«. Schwarzmarkt, Schwarzarbeit, schwarze Magie – trotz dieser einstimmig negativen Zuordnungen muß Schwarz aber Aspekte haben, die es nicht für jeden zu einer ungeliebten und abgelehnten Farbe werden lassen. Schwarz steht auch für eine sehr elementare, erdhafte Kraft – symbolischer Ausdruck für den Mutterschoß, der von allem abschließt, was weiß ist. In Teil II, »Psychologie«, wird darauf näher eingegangen.

Die Symbolkraft der Farbe Weiß

Weiß ist, wie Schwarz, eigentlich gar keine Farbe bzw. wird es auch mit dem Paradox der »unbunten Farbe« bezeichnet. Gleichzeitig ist es aber die Summe aller Farben, da sein Licht durch ein Prisma in die sieben Spektralfarben zerlegt wird. Wenn man das Farbspektrum auf einer Scheibe sich drehen läßt, hat man tatsächlich den Eindruck, diese sei völlig weiß. Weiß ist jedoch nur dann die Synthese aller Farben, wenn wir von *Licht*-Farben sprechen, denn die Mischung der *materiellen* Farben des Prismas ergibt Grau oder sogar Schwarz.

Weiß ist damit Symbol für das Licht an sich, für die Morgendämmerung und den Sonnenaufgang. Es galt als Sinnbild der Göttlichkeit, der unbefleckten Weisheit und vor allem der Reinheit. Auch die Unschuld der Aufrichtigkeit und Einfachheit spielt hier mit hinein und hat zum Beispiel in der maurischen Symbolik ihren Ausdruck gefunden. Ähnliche Qualitäten wie der Farbe Weiß werden übrigens dem Silber zugeschrieben, das in der Heraldik seinen Platz einnimmt.

Seit altersher symbolisiert Weiß die physische und moralische Keuschheit des jungen Mädchens, der Jungfrau – solange, bis das Weiß der Unschuld von seiner Gegenfarbe Rot und der damit verbundenen Energieform abgelöst wird, wie es im Weiß des Brautkleides und dem traditionellen Tag der (blutigen) Entjungferung deutlich sichtbar ist. Das Reine *muß* befleckt werden!

Das Märchen vom *Schneewittchen* verblüfft durch ebendiese Symbolik. Das Mädchen ist »so weiß wie Schnee, so rot wie Blut, so schwarz wie Ebenholz«. Sein Aufenthalt bei den sieben Zwergen ist in Beziehung zu der Arbeit an den sieben Chakras gesetzt worden. Da es diese Energiezentren offensichtlich nicht zum Leben erwecken kann, fällt es in einen todesähnlichen »jungfräulichen« Schlaf. Natürlich weiß das Märchen eine Lösung, denn ein Königssohn erweckt Schneewittchen zum Leben als Frau. – Auch in dem Grimm'schen Märchen »Schneeweißchen und Rosenrot« ist es Schneeweißchen, die durch einen vom Bär zum Mann verwandelten Prinzen »erlöst« wird.

Weiß als Sinnbild der Reinheit ist eine bevorzugte Farbe in der Liturgie. Weiß-Schwarz: Das ist der Kampf zwischen Gut und Böse. Da Schwarz und Weiß jeweils sowohl das andere als auch das Gegenteil dieses anderen sind, unterstützen sie sich und heben sich doch gegenseitig auf. Die polaren Gegensätze begegnen sich zum Beispiel auch in ihrer Funktion als Todesfarbe.

Nach dem Gesetz der Qualität und Ergänzung von Yin-Yang muß selbst das reine Weiß eine ambivalente Symbolik besitzen. Ebenso wie Schwarz nicht nur Endpunkt, sondern auch Anfang darstellt, suggeriert Weiß, das absolute Licht, dem eine *vitale* Farbe fehlt, einen Mangel an Lebensenergie. Wir assoziieren es mit Schneeflächen und Gletschern, unmenschlicher Kälte und Leichenblässe, mit Leblosigkeit und der Todesymbolik. Im Unbewußten wird es mit dem *organischen* Tod gleichgesetzt, der in Weiß seinen sichtbaren Ausdruck findet, während das Leben die

Farbe Rot trägt. Auch weiße Laken und selbst weiße Pferde werden in der Tiefenpsychologie als Vorzeichen des Todes gedeutet – und treffen sich wieder mit Schwarz.

In vielen Assoziationen, auch in Redewendungen anderer Sprachen, ist der »weiße Fleck« als Ausdruck für die Leere (oder eines Gefühls von Leere) enthalten, zum Beispiel im Englischen *white elephant* — »ein lästiger Besitz, der mehr Schaden als Nutzen bringt«; im Französischen *coup blanc* — »Fehlschlag« oder *nuit blanche* – die weiße, das heißt, die »schlaflose Nacht«. Im übertragenen Sinne ist Weiß damit auch die Farbe der Einsamkeit – die durch die Magie der Farben erlöst werden kann?

II.

FARBEN ALS AUSDRUCKS-
UND KOMMUNIKATIONSMITTEL
DER PERSÖNLICHKEIT

Eine Farbe ist nur gültig durch den Zusammenklang
mit der ihr benachbarten.
Was bei der Farbe zählt,

das sind ihre Beziehungen.
Ein einziger Ton ist nur eine Farbe;
zwei Töne – das ist ein Akkord, das ist das Leben.

(Henri Matisse)

Zur Einstimmung:
Der Vierfarbentest in einem quadratischen Feld

Die Wahl einer Farbe hängt fast immer von den äußeren Verhältnissen und Umständen ab und ist beispielsweise verbunden mit der Entscheidung für ein Kleidungsstück zu besonderem Anlaß, für eine Wandfarbe in einer ganz bestimmten Umgebung usw. In einem solchen Fall kann sich die Vorliebe für eine Farbe nicht unbedingt frei entfalten, denn auf viele äußere Faktoren, wie Wirkung, Mode, Meinung der anderen, ist dabei Rücksicht zu nehmen.

In dem nachfolgenden Test entfallen diese Faktoren – und doch unterliegen die Farbwahl und ihre Plazierung nicht gänzlich dem Zufall. Es geht darum, die vier Farben Rot, Gelb, Blau und Grau auf vier Quadrate zu verteilen, die zusammen ein größeres quadratisches Feld bilden. Zur Wahl stehen die Möglichkeiten links unten, rechts unten, links oben und rechts oben. Links und rechts, oben und unten haben genaue Begriffszuordnungen, die Entsprechungen mit Aspekten unserer Psyche aufweisen.

Die Unterteilung des Feldes *(siehe* Abb. nächste Seite) hat einen tieferen symbolischen Sinn, als man vielleicht zunächst annehmen mag. *Unten,* das ist das, was auf der Erde ruht, was existiert, das Ich. *Oben,* das ist das Ideal, die Projektion, das Vorgestellte und Erhoffte. *Links,* das ist die Vergangenheit, die Erinnerung, das Verinnerlichte und Affektive. *Rechts,* das ist Gegenwart und Zukunft, das, was nach außen gekehrt wird, die soziale Aktivität.*

Je nach dem Feld, das einer Farbe zugewiesen wird, enthüllt sie uns eine besondere Botschaft.

---

* Linkshänder müssen die beiden letzten Bedeutungen vermutlich umkehren.

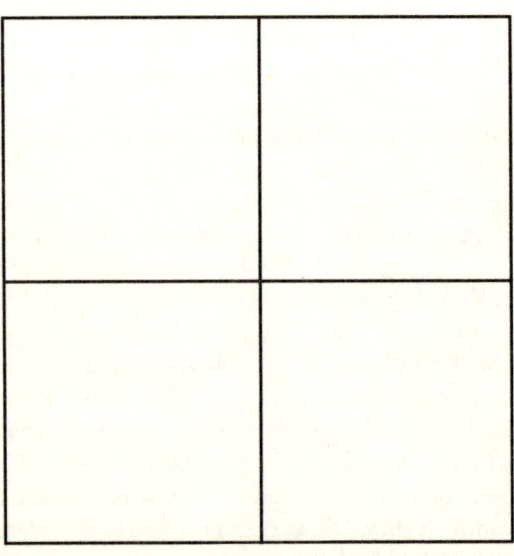

Deutung

Rot

links unten
Du hast eine gute Selbstbeherrschung, doch mußt du trotzdem auf vorschnelle Regungen achten!

rechts unten
Bist du nicht ein ganz klein wenig egoistisch?

links oben
Du kommandierst andere gern herum.

rechts oben
Schöpferische Tätigkeiten bringen dir eine große Befriedigung.

Gelb

links unten
Du machst dir viele Gedanken über Glück und Vollkommenheit.

rechts unten
Du sehnst dich nach einer Veränderung.

links oben
Du begeisterst dich für neue Erfahrungen.

rechts oben
Du bist ein sehr geselliger Typus und kannst anderen gut zuhören.

Blau

links unten
Du bist heiter und ruhig . . . wenn auch nicht immer!

rechts unten
Deine Neigung zu Ruhe und Sicherheit schützt dich vor gewagten Unternehmungen.

links oben
Du bist sehr gefühlvoll und treu, außerdem sensibel, aber durchaus auch energisch und tatkräftig.

rechts oben
Wenn du dich in Gesellschaft befindest, verteidigst du gern bestimmte Prinzipien.

Grau

links unten
Du magst es nicht gern, daß man dich genauer betrachtet oder dir Fragen stellt.

rechts unten
Du vermeidest sorgfältig Konflikte, und solltest du doch Zeuge davon werden, ergreifst du ungern Partei.

links oben
Du setzt alle dir verfügbaren Möglichkeiten ein, um ein Ziel zu erreichen.

rechts oben
Du nimmst aktiv an der Gemeinschaft teil und spielst gern eine vermittelnde Rolle, die jedermann zufriedenstellt.

Unsere Redewendung »Farbe bekennen«, die im Englischen mit »to show one's colour« und im Französischen mit »annoncer la couleur« wiedergegeben wird und übereinstimmend soviel bedeutet wie: »etwas, was mir sehr wichtig ist, offen zum Ausdruck bringen«, zeigt deutlich, welchen wichtigen Stellenwert Farbe in unserem Denken und Fühlen einnimmt.

Die Liebe zur Farbe oder eine Abneigung ihr gegenüber entsteht nach dem Prinzip von Anziehung-Abstoßung im tieferen Bewußtsein des Menschen, und ihre Wirkungen reichen ebenso bis ins Unbewußte. Wie wir bereits bei der Betrachtung der Farbsymbolik sahen, sind Symbole die äußere Erscheinungsform der Archetypen und, mit den Worten von C. G. Jung, Teil der »universalen Muttersprache des Unbewußten« – einer »vergessenen Sprache« (Erich Fromm).

Unsere Psyche vereinigt in sich ein individuelles Bewußtsein und eine Sprache, die geistige Inhalte und Prozesse der Menschen aus allen Epochen umfaßt, das »kollektive Unbewußte«, sozusagen ein mythischer Bodensatz des Bewußtseins. Aus diesem Bereich nährt sich die Anziehung oder Abstoßung, die bestimmte Farben auf uns ausüben. Die Wahl einer Farbe ist eine Sache des Geschmacks, wie es heißt, außerdem aber auch eine Frage von tieferen Bedürfnissen. »Les goûts et les couleurs ne se discutent pas« – die Franzosen haben unsere Redensart »Über Geschmack läßt sich nicht streiten« klugerweise auch auf das Phänomen Farbe ausgedehnt.

Jede der sieben Farben des Regenbogens ist tiefer Ausdruck für einen Seelenzustand, für eine Sichtweise der Welt, für eine bestimmte Verhaltensform. Das Spektrum reicht vom materiell-konkretesten Wert Rot bis zum immateriellen Wert Violett, wo sich der Farbkreis wieder schließt. Vielleicht mutet die Vorstellung etwas merkwürdig an, daß – vereinfacht ausgedrückt – der Mensch »rot«, »blau« oder »gelb« sein kann. Damit ist zwar auch eine symbolische Wertung gemeint, doch ganz handfeste physiologische und psychologische Effekte sind ebenfalls darin angesprochen. Die Farbe Blau steht beispielsweise mit der Intuition in Verbindung, ein »blauer Mensch« wäre demnach intuitiv veranlagt. Diese Zuordnung von Farben spielt eine große Rolle dabei, die Beziehungen zwischen Körper und Bewußtsein festzustellen. Es ist wichtig, daß wir uns mit den hervorstechenden Eigenschaften und Wirkungen der einzelnen Farben vertraut machen, damit wir sie in der richtigen Form einsetzen und ihre Schwingungen in heilsamer Weise miteinander verbinden können.

Die moderne psychologische Forschung ist bemüht, auch wissenschaftlich das Geheimnis der »Lieblingsfarben« und der besonders heftig abgelehnten »Antifarben« zu lösen. Dabei gehen die sogenannten »Modefarben« in der Regel über persönliche Vorlieben hinaus, doch aus anderen psychologischen Gründen unterwirft man sich bereitwillig ihrem Diktat – für eine gewisse Zeit. Was in den alten Kulturen oft als intuitives Wissen bekannt war und entsprechend in die Praxis umgesetzt wurde, soll heute durch das Mittel von Farbtests mehr ans Tageslicht befördert werden.

Farben bewirken bestimmte Empfindungen. Der Farbreiz wird vom Auge über das vegetative Nervensystem ins Zwischenhirn geleitet, wo demnach die Farbempfindungen entstehen. Vermutlich handelt es sich bei unterschiedlichen Reaktionen auf Farbe um unterschiedliche Reaktionen im Nervensystem, die von der Veranlagung und Konditionierung der betreffenden Person abhängig sind.

Die Farbempfindung ist eine allgemeine, visuelle und emotionale Sprache. Mit Farbe ist immer auch ein bestimmtes und im großen und ganzen übereinstimmendes

Erleben verbunden. Diese gleiche oder zumindest relativ ähnliche Wahrnehmung wird jedoch auf unterschiedliche *persönliche* Weise bewertet. Beispiel Rot: Entweder bejahe ich die erregende Empfindung, weil sie mich *anregt,* oder ich lehne sie ab, weil sie mich *aufregt.* Diese unterschiedliche Bewertung beruht auf Erfahrung und Vorstellung. Die objektiv gleiche Farbempfindung wird subjektiv durch das persönliche Gefühl als sympathisch-anziehend, als unsympathisch-abstoßend oder als indifferent-neutral eingestuft. Zumeist entspricht eine Farbe, die bejaht und als »schön« empfunden wird, einem positiv besetzten Gefühlszustand. Farben lassen sich von daher auch als *visualisierte Gefühle* bezeichnen. Die oft verblüffend zutreffenden Testergebnisse scheinen darauf hinzuweisen, daß jeder Mensch eine individuell zu deutende innere Farbskala besitzt.

Weil Farben, unabhängig vom Bewußtsein, direkt auf das vegetative Nervensystem wirken, ist der Farbtest für den Therapeuten und Psychologen ein wirkungsvolles diagnostisches Mittel, um die seelisch-körperliche Verfassung seines Patienten festzustellen. Versteckte Strukturen der Persönlichkeit aufdecken will beispielsweise der Lüscher-Test, der nachfolgend in zusammenfassender Form beschrieben wird.

Der Lüscher-Farbtest

Der Lüscher-Test, benannt nach dem Schweizer Psychologen Max Lüscher, beruht auf der durch Versuche bewiesenen »Psychologie der Farben«, wonach Zuneigung oder Abneigung gegenüber bestimmten Farben ein unbewußter Ausdruck für die physisch-psychische Gesamtsituation eines Menschen sind. In der Farbwahl spiegelt sich der seelische Zustand wider. Außerdem kann der Lüscher-Test auch physiologische Wirkungen nachweisen: Unter Einfluß von Orangerot steigt der Blutdruck, Atmung und Herzschlag werden beschleunigt. Rot hat eine anregende Wirkung auf das vegetative Nervensystem. Dunkles Blau hat dagegen eine beruhigende Wirkung: Der Blutdruck fällt, Herzschlag und Atmung werden verlangsamt.

Der »Große Klinische Lüscher-Test« besteht aus 7 Farbtafeln mit 73 Farbfeldern aus 25 verschiedenen Farben. Das umfassende Testprotokoll gibt Aufschluß über bewußte und unbewußte psychische Strukturen der betreffenden Person, ihren psychischen Zustand, das seelische Gleichgewicht, das Gefühlsleben und mögliche Tendenzen zu neurotischen Störungen sowie physiologische Hinweise.

Der sogenannte »Kleine Lüscher-Test« arbeitet nur mit den 8 Farben Blau, Rot, Grün, Gelb, Violett, Braun, Schwarz und Grau. Doch selbst dieser Kurztest kann dem Therapeuten Aufschluß über beginnende psychosomatische Störungen geben. Das Spektrum reicht von starker Bevorzugung über Sympathie und Indifferenz bis zur Ablehnung. Die an 1. und 2. Stelle gewählten Farben stehen für die Lebensziele; die Farben an 3. und 4. Stelle für die augenblickliche Lebenssituation; die Farben an 5. und 6. Stelle für latente, im Augenblick aber in den Hintergrund getretene Neigungen; und die Farben auf den beiden letzten Plätzen für Gefühlsbereiche, die abgelehnt und damit völlig verdrängt werden.

Blau, Rot, Grün und Gelb sind die vier Hauptfarben. Sie stehen für die vier psychischen Grundstrukturen und können je nach Plazierung eine positive oder eher ins Negative gehende Auslegung erfahren.

Blau – Stichwort *Ruhe*
> Pluspol: Beruhigung, Zufriedenheit
> Minuspol: Leere, deprimierende Langeweile
> Das Spektrum der Farbe Blau auf den Plätzen 1-8

reicht demnach von völliger Annahme bis zur Verdrängung von Harmonie.

Rot – Stichwort *Erregung*
Pluspol: Aktivität, Begeisterung
Minuspol: Ärger, Erschöpfung
Die Skala 1-8 bei Rot reicht vom starken Wunsch nach Aktivität bis hin zu ihrer Ablehnung.

Grün – Stichwort *Festigkeit*
Pluspol: Selbstbehauptung, Prestige
Minuspol: Angst vor Enge und Behinderung
Die Skala 1-8 reicht von der Selbstbehauptung bis hin zur – als unerwünscht empfundenen – Abhängigkeit.

Gelb – Stichwort *Lösung*
Pluspol: Entfaltung, Hoffnung
Minuspol: Angst vor Verlusten
Die Skala 1-8 reicht von Optimismus bis zur Angst vor Enttäuschungen.

Die anderen vier Farben, Violett, Braun, Schwarz und Grau, werden als »Modifikationsfarben« bezeichnet. Sie gelten – sicher nicht ganz unumstritten – als negative Farben, so daß hier die Bewertung 1-8 umgekehrt erfolgt und die besten Werte auf den Plätzen 5 und 6 liegen.

Violett 8-1: große Empfindsamkeit → starke Ich-Bezogenheit
Braun 8-1: Ablehnung von körperlichen Bedürfnissen → starker Wunsch nach Erfüllung solcher Bedürfnisse
Schwarz 8-1: Ablehnung aller Aggression und Einengung → starke Aggressivität, Ablehnung aller Werte
Grau 8-1: Kontaktbereitschaft → Abschirmung

72

Die nach dem Lüscher-System optimale Reihenfolge bei der Farbwahl wäre:

Blau-Rot-Grün-Gelb-Violett-Grau-Braun-Schwarz

Diese Reihenfolge stimmt übrigens bei den erstgenannten Farben mit Umfragen über die sogenannten »Lieblingsfarben« weitgehend überein: Blau führt unangefochten vor Rot; Grün und Gelb teilen sich die folgenden Plätze, wogegen so extravagante Farben wie Violett und Schwarz sichtbar abrutschen, während Grau kaum genannt wird und Braun zu den unbeliebtesten Farben überhaupt zählt.

Die Ergebnisse des Lüscher-Tests werden von Personal- und Eheberatern sowie von Therapeuten in verschiedenen Bereichen herangezogen.

Die Selbstbild-Farbanalyse
(SICA = Self-Image-Color-Analysis nach Dorothee L. Mella)

Dieser von einer amerikanischen Spezialistin der Farbenkommunikation entwickelte Farbtest, eine Art »Grammatik der Farbe«, kann zu größerer Selbsterkenntnis beitragen und dabei helfen, angestrebte Veränderungen wirksam zu beeinflussen. Denn, so die Arbeitsgrundlage: Die Farbwahl – ob bewußt oder unbewußt – ist tatsächlich ein Ausdruck der Persönlichkeitsstruktur des Menschen.

In dieser Selbstanalyse werden die folgenden Aspekte von Farbe unterschieden:

1. eine *Persönlichkeitsfarbe*, die Aufschluß über den *bewußten* Teil des Ichs gibt, wie er sich zumeist auch anderen vermittelt. Sie findet ihren Ausdruck in den Stärken der Kommunikation, spielt in der Kleidung jedoch keine dominierende Rolle.

2. eine *Inspirationsfarbe*, die den Bereich anzeigt, aus dem die stärksten Anregungen kommen. Sie ist in der Klei-

dung, auch in der Auswahl von Accessoires, wichtig, da sie zu einer positiven Stimmung beiträgt.

3. eine *Farbe des inneren Ausgleichs*, die durch die Kleidung für Ausgewogenheit sorgt.

4. eine *Harmoniefarbe*, sie zeigt die Wirkung auf andere an. Sie ist auch als »Selbstdarstellungsfarbe« zu betrachten, die entsprechend oft getragen werden sollte.

5. eine *Motivationsfarbe* – als »Selbstdarstellungsfarbe« hat sie die gleiche Wirkung wie Nr. 4 und dient einem positiven Eindruck.

6. eine *Gefühlsfarbe*, die dem *inneren* Selbstbild entspricht.

7. eine *Bedürfnisfarbe*, durch sie kommen innere, zumeist noch unerfüllte Wünsche zum Ausdruck.

8. eine intuitive *Ruhefarbe*, die in Zusammenhang mit der Entdeckung von inneren Kräften steht.

9. eine *Glücksfarbe*, die mit besonders positiven Erlebnissen assoziiert wird.

Die Ergebnisse aus der Selbstbild-Farbanalyse sind vor allem im Bereich von Kleidung und Gestaltung der Umgebung brauchbar und können zur positiven Selbstdarstellung und Betonung des persönlichen Ausdrucks, zur Steigerung von Energie und als psychologischer Schutz verwendet werden. Im Abschnitt »Farbe und Kleidung« sowie unter den einzelnen Farbtönen wird hierauf anhand von entsprechenden Beispielen noch konkreter eingegangen.

Farben und Temperament

Wir wissen bereits, daß Farben aufs engste mit unserer Persönlichkeit verknüpft sind. Eine Farbe gefällt oder mißfällt uns je nachdem, wie sie sich in Harmonie oder Disharmonie mit unseren Schwingungen befindet. Jeder Mensch ist anders, und entsprechend können auch Farbwerte,

Schattierungen und die Zusammenstellung verschiedener Farben unendlich miteinander kombiniert werden. Trotz dieser möglichen Vielfalt sollen hier zunächst die vier Temperamentstypen, die sich aus den Körpersäften Blut, gelbe Galle, schwarze Galle (oder »Melancholie«) und Lymphe ableiten, und ihr Verhältnis zu den Farben in vereinfachter Form dargestellt werden. Danach können wir folgende Grundtypen unterscheiden:

1. der *Sanguiniker* (Dominanz von »Blut«): heiter, liebt die Freuden des Lebens; oft begeisterungsfähig, manchmal oberflächlich – bevorzugt kräftige und leuchtende Farben.

2. der *Choleriker* (Dominanz von »gelber Galle«): energisch, was zuweilen heftig bis gewalttätig werden kann; zu Aktivität neigend, doch häufig zu ungestüm und impulsiv – liebt ebenfalls kräftige und leuchtende Farben.

3. der Nervöse oder *Melancholiker* (Dominanz von »schwarzer Galle«): eher unruhig, sehr empfindsamer, ewig ängstlicher Typus, wäre gern etwas anderes als das, was er ist – bevorzugt dunkle oder neutrale Farben.

4. der *Phlegmatiker* (Dominanz von »Lymphe«): ruhiger Typus mit verlangsamten Reaktionen; ist schwer aus der Ruhe zu bringen, braucht viel Zeit zum Nachdenken, ist dafür aber sehr solide und verläßlich – bevorzugt ebenfalls dunkle oder neutrale Farben.

Aus der Typenlehre lassen sich die Hauptfarben in folgender Weise den vier Grundtemperamenten zuordnen:

Rot ist die Farbe des heißblütigen Cholerikers. Sie symbolisiert den Frühling und den Sonnenaufgang. Der Rot-Typus gilt in seiner Reinform von seinen positiven Eigenschaften her als selbstbewußt, mitreißend, immer beweglich und lebendig, von den negativen Wesensmerkmalen her als leicht erregbar und streitsüchtig.

Blau, die dunkelste Farbe im Prisma, ist die Farbe des schwerblütigen Melancholikers. Sie ist die Farbe des Gemüts und symbolisiert das Alter, den Winter und die Nacht. Kennzeichen des Blau-Typus sind: ernst, zurückhaltend, gefühlsbetont, treu; hilfsbereit und tröstend, bisweilen empfindlich. Der negative Aspekt ist gekennzeichnet von Energielosigkeit, und häufig besteht die große Neigung, in eine düstere Stimmung zu verfallen, die intensiv ist und lange andauern kann.

Gelb, als Gegensatz und Ergänzung des melancholischen Blau, ist die Farbe des leichtblütigen Sanguinikers. Sie ist die Farbe des Geistes und symbolisiert den Sommer, die Sonne am Mittag und den reifen Menschen auf der Höhe seines Lebens. Der Gelb-Typus wird gekennzeichnet durch eine grundsätzliche Lebensbejahung. Er ist positiv und energisch, heiter, optimistisch und lustbetont; er kann allerdings einem raschen Stimmungswechsel unterworfen sein.

Grün ist die Farbe des kaltblütigen Phlegmatikers. Diese erdgebundene Farbe steht für Leben und Wärme, aber auch für das Abnehmen von Licht, für den Herbst und den Abend. Der Grün-Typus ist eher materialistisch als geistig eingestellt, nicht leicht erregbar, sondern eher gleichgültig und bequem, aber durchaus verläßlich.

Ausnahmen bilden die Nuancen Blaugrün (Türkis) und Gelbgrün, das noch zu den warmen Farben gezählt wird.

Schließlich noch das Temperament der beiden wichtigsten *Mischfarben*, Violett und Orange:

Violett enspricht dem zusammengesetzten Temperament aus Rot und Blau, das heißt, es ist weder warm noch kalt. Als Blauviolett ist es ein erwärmtes Blau, das seine Frische und Kühle verloren hat. Je mehr es zu Rot neigt, desto gefestigter wird es. Doch selbst dann ist seine Verwendung auf großen Flächen nicht zu empfehlen, da es leicht zu Verstimmung führen kann.

Der hin- und hergezogene Violett-Typus, der leicht zu einem Gefühl von Unbefriedigtsein neigt, vereinigt zwei recht gegensätzliche Energien in sich: das passive Blau und das aktive Rot. Diese Mischung bringt ein Element des Unruhigen, des Nervösen und Schwierigen mit sich. Das violette Temperament besteht zu einem großen Teil aus Träumen und Sehnsüchten, und wenn diese sich nicht erfüllen, kommen die Violett-Aspekte von Hilflosigkeit, Einsamkeit und Verlassenheit zum Tragen.

Orange, die andere wichtige Mischfarbe, übernimmt einen Teil der Eigenschaften von Gelb und Rot – was davon abhängt, welches von beiden dominiert. Der Orange-Typus ist gebunden und gesammelt von innerer Leidenschaft und in sich pulsierend. Er kennt weder Sentimentalität noch Ernst. Erregung und Müdigkeit sind ihm fremd, und damit verkörpert er eine klare Lebensbejahung.

Psychologische Farbdiagnose

Die Farbdiagnose als therapeutisches Mittel ist bevorzugt bei Menschen angeraten, die unter Störungen im Gefühlsbereich leiden. Besonderes Augenmerk ist dabei auf Reaktionen zu richten, die entweder extrem empfindlich oder völlig gleichgültig sind, daran lassen sich die Kriterien einer sogenannten »Normalität« messen. Vor allem affektive und sensorische Reaktionen auf Farben sind ein eng mit unserer Kultur verbundener Faktor, was sich auch in der Umgangssprache widerspiegelt.

Dabei ist noch nicht ganz geklärt, ob Farbe direkt auf unsere Emotionen einwirkt oder dies das Ergebnis von eindeutig subjektiv bestimmten Assoziationsbildern ist. Wir wissen jedenfalls, daß beispielsweise ein bestimmter warmer Rotton allgemein erregend wirkt, eine ganz ähnliche Nuance dagegen durch die Assoziation mit Blut das Gefühl von Leiden oder Abscheu hervorrufen kann. Bei der

Diagnose können die gezeichneten Formen und die dabei verwendeten Farben Aufschluß geben über den geistigen und gefühlsbedingten Zustand der betreffenden Person. Die Einteilung von Farben nach dem Faktor »Bewegung« zeigt deutliche Übereinstimmungen mit der psychischen Konstitution auf: Warme Farben nähern sich dem Betrachter, entfernen sich vom Zentrum und sind damit extrovertiert. Kalte Faben entfernen sich vom Betrachter, nähern sich dem Zentrum und sind damit introvertiert.

Werden zu den Merkmalen warm und kalt noch hell und dunkel hinzugezogen, dann ergeben sich vier Kombinationsmöglichkeiten bei der Farbzusammenstellung:

warm + hell   kalt + hell
warm + dunkel   kalt + dunkel

Offene und extrovertierte Menschen lieben im allgemeinen die warmen Farben, verschlossene und introvertierte Menschen dagegen die kalten Farben, weil sie die Anregung von außen nicht brauchen (oder wollen). Ganz verallgemeinernd gesagt, kann die Wahl dunkler Farben ein Anzeichen für Depression oder Melancholie sein, während helle Farben als Blick durch die »rosarote Brille« umschrieben werden könnten.

Emotionale Menschen reagieren sehr spontan und unbefangen auf Farben, während ein eher gehemmter Typus sich häufig von gewissen Farben schockiert zeigt und möglicherweise mit einem »Diese Farbe macht mich verrückt!« darauf reagiert, weil er sie fast als Eindringling in seine Privatsphäre empfindet, die er abzuschirmen sucht.

Auch die Aufnahmefähigkeit für die Heilkräfte der Farben kann vom Temperamentstypus abhängig sein: Der melancholische Typus wird sicher länger zur Aufnahme brauchen als der empfänglichere Sanguiniker oder Choleriker, doch wird die Beeinflussung und nachhaltige Wirkung bei ihm intensiver sein als beispielsweise bei dem phlegmatischen oder weniger gefühlsbetonten Typus, der von den feinen Farbschwingungen wenig oder gar nicht berührt wird.

Persönliche Harmonie durch Farben

Damit Harmonie, auf der unser Wohlbefinden beruht, hergestellt werden kann, müssen sich Geist und Seele in einem Zustand der Zufriedenheit befinden. Soll dies durch Farben unterstützt werden, muß – wie bei jedem anderen Ausdrucksmittel auch – das große Gesetz der Ambivalenz oder Doppelwertigkeit zur Anwendung kommen. Dies kann zum Beispiel durch Komplementärfarben, Kontraste und andere bewußt gewählte Farbkombinationen erreicht werden, wie wir sie u. a. aus der Malerei kennen. Kontraste rufen emotionale Reaktionen hervor, zum Beispiel der Gegensatz von warmen und kalten Farben die folgenden Begriffspaare:

warm – kalt
aktiv – passiv
glücklich – traurig
übermütig – verschlossen
aggressiv – gleichgültig
farbig – farblos

Nehmen wir als Beispiel die Farbe Rot. Aus der Verbindung mit anderen Farbtönen ergeben sich erhebliche Abweichungen in der symbolischen und damit auch psychologischen Bedeutung:

Rot + Grau (Grün, Blau) – Feuer + Wasser
Rot + Dunkelblau – Ich + Unendlichkeit
Rot + Weiß – Krieg + Frieden
Rot + Schwarz – Liebe + Strenge
Rot + Weiß / Gold
oder Blau / Gold – Hölle + Himmel

Die Ambivalenz einer Positiv / Negativ-Wirkung, die jeder Farbe auch schon für sich allein genommen zugrundeliegt, wird bei der Darstellung der psychologischen Wirkung jeweils unter dem Stichwort der einzelnen Farben behandelt.

Test zur Ermittlung
der dominanten persönlichen Farbe

Unter jeder aufgeführten Farbe stehen Aussagen, die entweder mit A oder B oder C zu beantworten sind. Dabei bedeutet

A. *Ja* – das trifft auf mich zu.

B. *Kann sein* – es besteht eine Neigung oder Möglichkeit, daß dies auf mich zutreffen könnte.

C. *Nein* – das trifft eindeutig nicht auf mich zu.

Rot

1. Ich habe keine Angst vor Fehlschlägen.
2. Streß – kenne ich nicht!
3. Ich kann meine Energie ganz allein wiedererlangen.
4. Ich schenke anderen auf Anhieb Vertrauen.
5. Ich habe immer ein gutes Verhältnis zu meiner Mutter gehabt.
6. Es bedeutet keinerlei Problem für mich, allein zu reisen.
7. Ich werfe abgenutzte oder zerbrochene Dinge leichten Herzens fort.

Orange

1. Es macht mir Spaß, mir selbst eine Freude zu bereiten, und ich weiß auch, wie mir das gelingt.
2. Ich kann mit meinen Wünschen schlecht hinterm Berg halten.
3. Ich suche absichtlich nach starken Sinnesreizen.
4. Sexuelle Tabus – kenne ich nicht!
5. Ich schäme mich nicht, meine Emotionen zum Ausdruck zu bringen.
6. Ich reagiere rasch, wenn ich angegriffen werde.
7. Ich treibe Sport und esse gern gut.

Gelb

1. Ich habe eine ausgeprägte Persönlichkeit.
2. Ich besitze Selbstvertrauen.
3. Ich verfüge über große Selbstbeherrschung.
4. Ich bin ziemlich ehrgeizig.
5. Ich habe gut ausgebildete intellektuelle Fähigkeiten.
6. Ich kann meine Ideen verteidigen.
7. Ich lehne jeden Kompromiß ab, der meine Freiheit einschränkt.

Grün

1. Beziehungen zu anderen Menschen sind mir sehr wichtig.
2. Ich habe sehr gute Freunde.
3. Ich zeige meine Gefühle ohne Schwierigkeiten.
4. Ich bin sehr freigebig.
5. Ich erweise anderen gern einen Gefallen.
6. Ich kann gut teilen.
7. Ich brauche ab und an Augenblicke der Stille, wo ich nichts tue.

Blau

1. Ich halte mich für kreativ.
2. Ich zeige mich so, wie ich bin.
3. Ich sage das, was ich denke.
4. Ich kann leicht Übereinstimmung mit anderen erreichen.
5. Ich kann gut etwas annehmen.
6. Ich vertraue meiner Intuition.
7. Das Glück lacht mir.

Indigo

1. Ich trage die Verantwortung für mein Leben.
2. Ich bin ein Mensch mit Ausstrahlung.
3. Das Entscheidende spielt sich im Kopf ab.
4. Wenn ich eine Entscheidung getroffen habe, halte ich mich daran!
5. Ich kann über mich selbst lachen.
6. Ich neige dazu, mich im richtigen Augenblick am richtigen Ort zu befinden.
7. Mein Leben ist ein spiritueller Weg.

Violett

1. Mein Leben hat einen Sinn.
2. Alles im Leben ist wichtig.
3. Nichts im Leben ist wichtig.
4. Ich gehe den Weg des geringsten Widerstandes.
5. Alle Wünsche erfüllen sich im Einklang mit meinen Hoffnungen.
6. Ich fühle mich nie im Leben alleingelassen.
7. Ich weiß, wie ich in mir Frieden finden kann.

Diejenige Farbe, welche die höchste Anzahl von Bewertungen der Gruppe A erhalten hat, ist die dominante persönliche Farbe (es kann davon auch mehr als nur eine geben!).

Wenn mehr als drei Antworten zu einer Farbe auf die Gruppe C entfallen, besteht wahrscheinlich eine Unausgewogenheit in dem Verhaltensaspekt, der mit dem Bedeutungsfeld der betreffenden Farbe in Verbindung steht.

Die verschiedenen Aspekte der persönlichen Farben

Die eigentliche *Persönlichkeitsfarbe* muß nicht identisch mit derjenigen Farbe sein, die ich in meiner Kleidung bevorzuge. Sie steht mit meinem inneren Wesen in Verbindung und kann sehr hilfreich für die Erkenntnis der in mir verborgenen Kräfte sein. Aus diesem Farbton könnte ich mir beispielsweise ein Kissen für kurze Ruhepausen zulegen, womit ich mich energetisch »aufladen« kann.

Die *Ausdrucksfarbe* (als Zugeständnis an den Zeitgeist würde man sie vielleicht »Business-Farbe« nennen) hat mit meinem persönlichen Erscheinungsbild in der Verbindung zur Außenwelt zu tun. Mit diesem Farbton könnte zum Beispiel mein Briefpapier und auch die Farbe der von mir gewählten Tinte harmonieren. Er spielt auch eine Rolle bei der Gestaltung meiner Umgebung und der Wahl meiner Kleidung, zumindest für offizielle Anlässe.

Doch es ist die *soziale Farbe*, die am stärksten auf meine Kontakte zu anderen Menschen abzielt und meinem Typ Rechnung trägt. Sie kann abgestimmt sein auf Haar-, Haut- und Augenfarbe und wird unter dem Stichwort »Farbe und Kleidung« noch einmal auftauchen.

Farbe und Kleidung

Welcher Typ bin ich? Konservativ, feminin, sportlich-natürlich, professionell, dramatisch? Gehöre ich eher dem Rot-Orange-Gelb-Typus, dem Grün- oder dem Blau-Typus an? Was ist meine persönliche Farbe, die mit meinem inneren Wesen verträglich ist und die Emotionen in besonderem Maße befriedigt?

Hier können nur einige allgemeine Hinweise als Empfehlung gegeben werden:

konservativer Typus – klare, kühle bis kalte Farben, eventuell mit Weiß als Kontrastpunkt.

femininer Typus – sanfte Pastelltöne, sie können allein getragen werden oder zu dunklen Farben Akzente setzen.

sportlich-natürlicher Typus – warme Farben und sanfte Pastelltöne mit Marineblau, wenig Schwarz.

professioneller Typus – vorzugsweise Schwarz und andere dunkle Farbtöne.

dramatischer Typus – Schwarz mit kräftigen Akzenten und Kontrasten.

Auch die Einteilung nach dem saisonalen oder »Jahreszeit-Typ«, die Haar-, Haut- und Augenfarbe einbezieht und Übereinstimmungen mit der sozialen Farbe zeigt, kann eine klare Orientierungshilfe für die Wahl der Kleiderfarben sein. Diese Typologie ist von Carole Jacksons in *Colour me beautiful* entwickelt worden:

Frühjahr: zarte Gelbtöne oder klare, leuchtende Farben
Sommer: sanfte Blau- oder Rosatöne
Herbst: kräftiges Orange, Braun, Gold
Winter: leuchtende oder eisklare Blautöne.

Farbe in der Kleidung kann als interessantes Mittel eingesetzt werden, um mehr oder weniger versteckte Persönlichkeitszüge zum Ausdruck zu bringen. Farben besitzen einen wichtigen Signalwert in unserer Kommunikation, da sie Botschaften aussenden. Die Kommunikationsfarbe *per se* ist übrigens das offene Gelb, das auch non-verbal zu Kontakten geradezu auffordert. Rot wird, je nach dem Bezugsrahmen, Sinnlichkeit oder auch Rivalität signalisieren, während Blau möglicherweise deshalb – wenn auch unbewußt – so beliebt sein mag, weil es die in der Außenwelt oft als störend empfundenen Emotionen ausschaltet und auf die Beherrschung der Situation durch den Verstand bzw. die Vernunft hindeutet.

Dann gibt es Farben, die unsere Stimmung heben, die

uns Energie schenken und sogar schützend nach außen wirken können, da sie uns ein Gefühl von Sicherheit geben. Allgemein kann uns die Intensität von dunklen oder kräftigen Farben leichter vor äußeren Einflüssen, wie beispielsweise Streß oder Verwirrung, schützen.

Eine Farbe, die wir intuitiv ablehnen (»weil sie nicht zu mir paßt«), sollten wir konsequent auch nicht tragen, da sie uns tatsächlich Energie entzieht und die Kreativität lähmt. Dies ist eine Frage der Verträglichkeit zwischen den Schwingungen von Farbe und Person. Am besten sollte auch eine ähnliche Farbe nicht getragen werden.

Doch manchmal mag es durchaus richtig sein, ein wenig Abschied von der Mode zu nehmen und nicht nur Farben zu wählen, die unsere Persönlichkeit unterstreichen, sondern eher solche, die sie harmonisieren können und sich weiterentwickeln lassen. So sollten beispielsweise die »schreienden Farben«, die der extrovertierte Typus gern trägt (aber nicht unbedingt auch braucht), eher von den introvertierten, melancholischen und phlegmatischen Menschen getragen werden. Die Farbe der Kleidung hat jedoch nicht nur eine Wirkung auf die Psyche, sondern über die Nervenleitung auch auf den physischen Organismus. In Teil III des Buches über die Heilenergie der Farben wird dieser Aspekt nochmals aufgegriffen.

Die psychologische Wirkung der Farbe Rot

Wenn du Rot liebst, bist du extrovertiert und bemühst dich sehr darum, deine natürliche Schüchternheit zu überwinden. Der Bildhauer Cellini, die Dichter Villon und Lord Byron, die Politiker Lincoln und Theodore Roosevelt gehören zu dieser Farbe. Du bist impulsiv, mutig und tatkräftig. In dir ist eine tiefe Sympathie für die Menschheit verborgen. Das volle Leben bedeutet viel für dich – möglichst soll es mit aufregenden Ereignissen ausgefüllt sein. Rot liefert dich ganz und gar dem Leben aus, und das bedeutet, daß du entweder leicht etwas verpaßt oder es übersteigert erfährst. Am besten heiratest du eine ebenfalls rote oder eine orange Persönlichkeit. Mit einer grünen könntest du vielleicht auch noch klarkommen, doch eine blaue könnte dich vermutlich plagen.
(Charakterisierung nach dem Farbforscher Faber Birren)

Die warme Farbe Rot, das Sinnbild des Feuers, ist eine sehr belebende und anregende bis erregende Farbe. Sie besitzt die stärkste Schwingung und ist die Farbe mit der stärksten Anziehungskraft. Das läßt sich sofort feststellen, wenn man einem Kleinkind Spielzeug in verschiedenen Farben hinstellt: Es wird immer als allererstes zum Rot greifen . . . Rot ist eine freigebige Farbe, die zur Kommunikation einlädt. Sie wirkt aktivierend, inspiriert zum Handeln und macht gefühlsbetont. Sie ist Ausdruck von Wärme sich selbst und anderen gegenüber.

Das ins Gelb gehende *Hellrot* bedeutet nach Lüscher *Willensstoßkraft* (während das komplementäre Grün Willensspannkraft verkörpert). Es hat die Eigenschaften: exzentrisch, autonom, offensiv-erobernd, motorisch und aktiv, Erregung und Begehren. Sein Hauptbedürfnis ist die Aktivität. Als »Ausdruck der Vitalkraft und vegetativen Erregungshöhe« (Lüscher) setzt es auf Wirkung und Erfolg. Der Maler Kandinsky beschreibt die Wirkung von

87

Rot »innerlich als eine sehr lebendige Farbe, die aber nicht den leichtsinnigen Charakter des sich nach allen Seiten verbrauchenden Gelbs besitzt«, da sie konzentrierter sei.

Kinder lieben Rot . . . Wie kommt es, daß Erwachsene Rot oft ablehnen, weil sie sich davon bedroht zu fühlen scheinen? Wie wir wissen, kommen Reaktionen auf Farben teilweise durch Ideenassoziation in Übereinstimmung mit der Tiefensymbolik zustande, aber zum Teil auch durch direkte Einwirkung auf das Nervensystem. Die mentale Reaktion ruft eine unmittelbare Entsprechung im physischen Bereich hervor. So ist Rot »thermisch« zwar hervorragend geeignet für kalte Räume und als Kleiderfarbe bei kaltem Wetter, doch es wird nur schwer möglich sein, sich längere Zeit über in einem rotgestrichenen Raum aufzuhalten, ohne sich ruhelos und unbehaglich zu fühlen. Eine so kraftvolle Farbe, die ständig zu Aktivität aufzufordern scheint, stört das geistige Gleichgewicht und ruft psychisch Nervosität, Verstimmung und Kopfschmerzen hervor. Für nervenschwache oder leicht erregbare Menschen ist es besser, sich mehr den blauen Farbschwingungen auszusetzen.

Rot sollte daher nur wohldosiert verwendet werden. Allerdings können wir feststellen, daß gerade Menschen, die Rot in ihrer Kleidung eindeutig bevorzugen, oft zu den Hitzköpfen gehören und durch vorschnelle Reaktionen leicht »auf tausend« sind (sie gehören aber auch zu dem Typus, der solche Ausbrüche dann ebenso rasch bedauert). Menschen, die den ganzen Tag über unter dem Einfluß von rotem Licht arbeiten (ein solches Experiment wurde einmal in dem Filmstudio *Lumière* im französischen Lyon durchgeführt), waren zwar äußerst lebhaft und sangen und gestikulierten bei ihrer Tätigkeit, denn rotes Licht erhöht den Pulsschlag und regt die Atmung an; doch als dann auf grünes Licht umgestellt wurde, waren sie am Abend längst nicht mehr so müde. Rot als anregendes Element ist vor allem in Räumen für körperliche Aktivität, Festlichkeit und Vergnügen geeignet – wenn diese nicht zu lange andauern. Je nach Umfeld kann Rot aber leicht aufreizend, grell oder vulgär wirken. Für eine ausgleichende Wirkung ist die Komplementärfarbe Grün – am besten in der Form von Türkis (Grünblau) – einzusetzen. Durch die Verbindung mit Grau oder Schwarz kann leicht ein zu dramatisches oder tragisches Gefühl hervorgerufen werden.

Rot als Kleidungs-, Schmuck- oder Einrichtungsfarbe zieht, außer der Emotion, den *bewußten* Geist an. Gleichzeitig wird längeres Betrachten oder Eindringen von dieser Farbe jedoch zurückgewiesen. In jeder Umgebung wird Rot als allererstes wahrgenommen. Die Farbe kommt auf den Betrachter *zu* und kann dadurch sogar ein Gefühl von Klaustrophobie vermitteln. Die Beherrschung durch Verstandeswerte, das von Technologie bestimmte Alltagsleben, die Gefahren des Verkehrs, der Existenzdruck, das Konkurrenzdenken – alles dies schafft eine psychologische Atmosphäre der Unruhe, ja Angst, was mit der dauerhaften Wirkung eines roten Energiefeldes vergleichbar ist. Auch als Bedrohung und Gefahr empfundene Dinge, die auffallen sollen, werden durch rote Alarm- und Hinweiszeichen markiert: die rote Ampel, die Feuerwehr usw.

Das erregende Element von Rot wirkt auf den Betrachter zumeist imponierend. Das sollte der Mantel der Könige und Kardinäle wohl auch suggerieren. Früher war Rot durch seine Gewinnung eine sehr kostbare Farbe, deren Wert noch durch ihre »Magie« gesteigert wurde. Nur der Adelsstand durfte sie tragen, was den Glauben an die damit verbundene Macht und Stärkung zur persönlich erlebten Erfahrung werden ließ. Rot ist hier seltsam ambivalent, denn es ist gleichzeitig die »Farbe der Herrschaft *und* des Aufruhrs«, von weltlicher Macht und ihrer Umwälzung. Auch diese Beziehung zwischen Symbolik und Psychologie ist bei dem Gebrauch von Rot zu beachten.

Bei Versuchen mit Personen von unterschiedlicher Hautpigmentierung ergab sich, daß der oder die Betreffende um so weniger von Rotstrahlen beeinträchtigt wurde, je dunkler die Hautfarbe war. Bei den dunkelhäutigen Eingeborenen Südamerikas trat bei Rotbestrahlung z. B. der Effekt einer übermäßigen Nervosität gar nicht auf, statt dessen aber Heiterkeit und gute Laune. Daraus läßt sich ableiten, daß diese Farbe besser für den brünetten Typus mit dunklerer Gesichtsfarbe geeignet ist. Die betreffende Person kann sich dann mit einem größeren Anteil an Rot umgeben, doch sollte immer für den notwendigen Ausgleich der Schwingungsfrequenzen gesorgt werden. Am besten und ausgewogensten ist die wohldosierte Verwendung von Rot wie ein »Gewürz« im Essen.

Wie gehe ich mit einer Farbe um, deren anregenden Impuls ich vielleicht nötig brauche, von der ein Zuviel jedoch den gegenteiligen Effekt hervorrufen kann? Eine Abwehrhaltung gegenüber Rot, die Furcht davor, die sich beispielsweise aus Erschöpfung oder aufgrund von einer Konfliktsituation erklären läßt, kann uns vielleicht seiner Energie und Kraft schenkenden Schwingung berauben. Diese Farbe verlangt danach, beherrscht zu werden, sie fordert uns dazu auf, im Umgang mit ihr an das eigene Maß zu denken. Rot ist eine Farbe, die Türen aufstößt, die zu Entscheidungsfreude und Risikobereitschaft auffordert, die Mut und die zum Handeln notwendige Energie gibt. Sie kann daher bei schweren körperlichen Arbeiten und in Gefahr genauso helfen wie bei einem Zustand von innerer Kälte und Erstarrung, der sich ebenso in Blutleere wie in mangelnder Herzenswärme äußert.

Die Polarität der Rot-Psychologie

Positive Wirkung: Rot ist die Farbe der Libido. Es wirkt daher unterstützend auf die vitalen Kräfte, die wiederum Liebe und Sexualität anregen. Im harmonischen Zustand ist dies ein Bereich physischer Freuden für den Menschen. Die von Rot ausgehenden Schwingungen stimulieren die Kräfte eines schöpferischen und harmonisch geregelten Wohlbefindens.

Negative Wirkung: Ist der Mensch von dem Bereich dieser harmonischen Schwingungen der Farbe Rot jedoch abgeschnitten, kann Rot für ihn eine Quelle der Gewalttätigkeit und Aggression werden. Dann erweist es sich als ein Faktor der Instabilität, insofern die Vitalkräfte unter seinem Einfluß übermäßig zunehmen, bis sie sich schließlich selbst auslöschen. Die Farbe fängt sozusagen Feuer, um glühend zu werden und alles um sich herum zu verbrennen.

Übungsvorschläge zum Ausgleich von Rot

Diese Übungen stehen mit dem Test zur Ermittlung der dominanten persönlichen Farbe *(siehe S. 81 ff.)* in Verbindung. Zunächst werden einige Fragen gestellt, die ergeben sollen, ob die der Farbschwingung entsprechenden Energien voll verfügbar sind oder ob das Gleichgewicht der betreffenden Farbe eventuell gestört ist. Wenn eine der nachstehenden Fragen nicht eindeutig bejaht werden sollte, können die entsprechenden Übungen für ein größeres Verständnis und die praktische Stärkung dieser Energien herangezogen werden.

Übung 1

Habe ich das Gefühl, in der Erde verwurzelt zu sein?
Kann ich anderen leicht Vertrauen schenken?
Habe ich häufig Furcht, daß mir etwas zustößt?

Ich pflanze Samenkörner in die Erde und lerne daraus, was es heißt, sich zu verwurzeln. Ich lerne, daß eine Pflanze sich ohne Erde nicht aufrecht halten und nicht dem Licht entgegenwachsen kann.

Ich pflanze mich selbst in aufrechter Haltung, mit lockeren Knien, und spüre die Verbindung mit der Erde unter meinen Füßen.

Ich gehe in den Wald, suche mir einen Baum und lehne mich mit dem Rücken fest gegen seinen Stamm. Ich versuche zu spüren, wo er in die Erde verwurzelt ist. Auch wenn seine Wurzeln unsichtbar sind, kann ich mich so von ihrer Existenz überzeugen.

Ich stelle mir vor, daß unter meinen Fußsohlen Wurzeln existieren, die bis in das Herz der Erde reichen und mich von dort mit nährenden Energien versorgen. Durch das Mittel von Visualisationsübungen kann ich mir außerdem vorstellen, daß sich diese Wurzeln, wenn sie das Herz der Erde berühren, rot färben. Dieses Gefühl der symbolischen Verwurzelung kann ich überall aufrechterhalten.

Übung 2

Habe ich eine entspanntes Verhältnis zu Geld?
Habe ich den Eindruck, selten oder nie das bekommen zu haben, was mir eigentlich zusteht?

Das Gefühl von *Mangel* ist ein ausgezeichnetes Mittel, das zur Veränderung meines Verhaltens beitragen kann. Mit seiner Hilfe kann ich schlechte Angewohnheiten ablegen und versuchen, meine wirklichen Bedürfnisse herauszufinden.

Als unterstützende Maßnahme werfe ich alles fort, was ich wirklich nicht mehr brauche: angeschlagene Tassen, die ich »irgendwann einmal« kleben wollte; alte Zeitungen; zu eng gewordene, schadhafte oder altmodische Kleider. Was für einen anderen noch von Nutzen sein kann, verkaufe, verschenke oder tausche ich.

Die psychologische Wirkung der Farbe Orange

Die orange Persönlichkeit könnte leicht zu beneiden sein. Zu diesen Typen zählen Franklin D. Roosevelt, Falstaff und Mark Twain. Damit dürftest du eine große Lebenslust haben. Vermutlich bist du ein echter Gourmet und bereitest Köstlichkeiten zu, die deine Freunde in Begeisterung versetzen. Doch in deinem Eifer, andere an dich zu ziehen und ihnen zu gefallen, könntest du leicht die höheren Werte des Lebens vergessen. Da du es haßt, allein zu sein, möchtest du von anderen hofiert werden. Werde deinem Typus gerecht! Und mach' dir nichts daraus, wenn die Leute sagen, daß es dir an Tiefe fehle ... Du besitzt eine Gabe, die vielen anderen fehlt – die Beredsamkeit. Du hast immer ein gewinnendes Lächeln, und einen Sinn für Humor kannst du mit einer gewissen Übung leicht ausbilden. Die Welt mag so Leute wie dich! Du bist so sozial wie nur möglich eingestellt und könntest dich zwanglos mit Heiligen ebenso wie mit Sündern umgeben. Du bist ein idealer Single, doch könntest du auch gut dein Leben mit jemand von deiner eigenen Farbe teilen. Von allen am besten wäre der blaue Typus für dich, damit dein Geist und deine Seele zu entspannen lernten.

(Charakterisierung nach Faber Birren)

Orange gilt als die dynamischste und freudigste aller Farben, worin sich die Heiterkeit von Gelb mit dem Aktionsdrang von Rot verbindet. Durch die Mischung dieser beiden Farben schützt Orange einerseits vor der übermäßigen Stimulation durch Rot und andererseits vor dem Effekt des völligen Abhebens und der Loslösung durch Gelb. Es ist sehr gut geeignet als Element der Raumgestaltung, besonders in der Verbindung mit seiner Komplementärfarbe Blau. Es wirkt belebend und anregend, verliert jedoch leicht an Intensität, wenn es mit Weiß gemischt wird, während es durch die Mischung mit Schwarz sehr schöne volle

Brauntöne annehmen kann. Der Impuls von orangefarbigem Licht kann eine lethargische Haltung oder Gemütsverfassung positiv beeinflussen.

Die symbolische Verbindung von Feuer und Licht in der Farbe Orange vermittelt ein Gefühl von Fülle und Reichtum. Orange hilft dabei, das Vertrauen gegenüber dem Leben zu stärken, offen und dankbar für alles zu sein, was man bekommt, selbst großzügig zu sein und teilen zu können.

Orange wird, trotz seines freundlichen und lebendigen Charakters, nicht unbedingt positiv aufgenommen. Als Mischfarbe aus Rot und Gelb ist sein Gleichgewicht aufgrund dieser beiden unterschiedlichen Schwingungen recht fragil. Bei starkem Gelb-Anteil wirkt es flimmernd auf das Auge und oft noch weniger angenehm als Rot. Es scheint mit Extroversion und Aufdringlichkeit, ja Angeberei assoziiert zu werden. Es ist nicht unbedingt eine moderne, sondern eher eine modische Farbe mit dem Beigeschmack, grell und daher billig, unnatürlich und daher gekünstelt zu sein.

Im Osten, mit seiner großen Vorliebe für Gelb, hat Orange dagegen eine viel positivere Bedeutung: Hier ist es die Farbe des Wandels und – als Farbe der buddhistischen Mönchsroben – das Sinnbild für Erleuchtung.

Die Polarität der Orange-Psychologie

Positive Wirkung: Bei einem ausgewogenen Anteil von Rot und Gelb versinnbildlicht Orange das glückliche Moment einer Stabilität, die durch Rot / Libido einerseits und Gelb / Geist andererseits zustande kommt. Es wird damit von Schwingungskräften belebt, die das Individuum *beide* benötigt, um die Herrschaft über sich selbst zu erlangen.

Negative Wirkung: Ein solcher Einfluß ist möglich auf Menschen mit einem ruhelosen Wesen, vor allem, wenn die Farbe Orange einen größeren Rot-Anteil enthält. Damit fördert es Aggressivität und Angstzustände gegenüber einer Störung der Ordnung und des Gleichgewichts.

Übungsvorschläge zum Ausgleich von Orange

Übung 1

Habe ich Hemmungen, mich nackt zu zeigen?
Fällt es mir schwer, meinen Körper zu spüren?
Habe ich Hemmungen, jemanden zu berühren oder mich selbst berühren zu lassen?

Ich tue etwas für meinen Körper und mein Körperbewußtsein: Sauna, Tanz, Stretching, Bioenergetik . . . Beim Baden verwende ich duftende Essenzen, ich lasse mich mit Körperölen massieren.

Übung 2

Bin ich eine begeisterte Köchin / ein guter Koch?
Ich bin heute abend allein. Habe ich sehr große Lust darauf, mir selbst eine Freude zu bereiten?

Ich bereite für mich allein ein wunderschönes Essen vor, zünde Kerzen an und lege meine Lieblingsmusik auf. Ich behandle mich selbst wie meinen eigenen Gast. Diese »Einladung« ist ein sehr gutes Mittel gegen Trübsinn, ich werde sehr viel anziehender auf andere wirken.

Die psychologische Wirkung der Farbe Gelb

Mit Gelb bist du ein gleichzeitig intellektueller und idealisti-
scher Typus – Buddha, Konfuzius, Kant und Spinoza geben
eine gute Gesellschaft für dich ab. Du bist ein sehr puristischer
Typus und hast einen hochfliegenden Geist – wenn auch
nicht den eines Träumers. Du hast große Ideen, sie sind genau
ausgedacht und zum Wohl der Erde und der Menschen ge-
plant. Du bist im geistigen Sinne ein »einsamer Wolf«, doch
du sehnst dich nach der Bewunderung durch andere und bist
ein treuer und verläßlicher Freund. Wie ein Missionar for-
derst du etwas von den Menschen, doch du liebst sie wie ein
Philosoph. Du könntest fast jeden Farbtypus zu beiderseitiger
Zufriedenheit heiraten, wenn auch deine eigene Farbe und
Violett am besten für dich sind.

(Charakterisierung nach Faber Birren)

Von Gelb ist in vielen Superlativen zu reden: Es ist die hell-
ste, die strahlendste, die heiterste, die »jüngste« Farbe von
allen. Diese Farbe zieht alle Blicke auf sich und erlaubt es
ihrem Träger, gemäß dem Bild, das er von sich selbst hat
oder haben möchte, zu »glänzen«. Durch diesen Aspekt –
und die Assoziation mit Gold – ist Gelb auch die Farbe
der königlichen Macht gewesen. Da symbolisch aber die
Versuchung durch die Macht und die Selbsterhöhung
ebenfalls darin enthalten sind, hat möglicherweise der
Aspekt des »Neides auf die Macht« die sehr ambivalente
Aufnahme dieser Farbe beeinflußt.

Nach Lüscher bedeutet das *helle Gelb* Gefühlslebhaftig-
keit. Es hat die Eigenschaften: ex-zentrisch, erwartungs-
voll, suchend und hoffend, Veränderung. Gelb ist geprägt
von Erwartung und zukunftsorientiertem Denken, es
wurde auch als »glückserwartendes Erlebnisstreben« umschrieben.

Gelb erscheint leichter und schwereloser als Rot, es

wirkt nicht erregend wie jenes, sondern anregend. Es entspricht einem Gefühl von unbeschwerter Heiterkeit, von Ent-Spannung und Lösung. Kein Wunder, daß es – zumindest im Westen – mit Oberflächlichkeit assoziiert wird! Die mit Gelb verbundene Glückserwartung kann von zahllosen und schnellebigen Formen sexueller Abenteuer bis zu, stets zukunftsorientierten, Idealen oder auch Ideologien reichen. Als Primärfarbe entspricht es dem *Grund*bedürfnis des Menschen, sich frei zu entfalten, sich zu verändern und befreien zu können. Da es dieses Gefühl von Freiheit, Weite und Erleichterung auch konkret vermittelt, gilt es vor allem im Osten, ähnlich wie Orange, als die Farbe der Erleuchtung und Erlösung.

Gelb kommt dem Licht als Farbe am nächsten; es wird auch mit dem Sonnenlicht assoziiert, obwohl dieses ja eigentlich weiß ist. Unter diesem Aspekt ist Gelb mit Weiß verwandt. Es ist die »leichteste« von allen bunten Farben und läßt ein Zimmer hell und freundlich erscheinen. Die Anwendung von Gelb in reiner, unvermischter Form ist allerdings nicht ratsam, da sich dies – durch den erwähnten Effekt der Loslösung – geistig als Verlust eines Haltes, eines Schutzes oder eines Ziels auswirken kann. Als ausschließliche oder auch dominierende Farbe in einem Raum ist von Gelb ebenfalls abzuraten. Ein Zuviel an Gelb kann bei manchen empfindlichen Personen, durch die Assoziation mit Leber / Galle, fast sogar Übelkeit hervorrufen. Besondere Vorsicht ist bei Gelbgrün geboten, warme, ins Orange gehende Töne sind verträglicher. Doch wenn viele andere, gut ausgewogene Farben in den Akkord mit einstimmen, dann hat Gelb eine sehr positive, aufbauende Wirkung.

Wird gelbes Licht als Kontrast in einer Umgebung eingesetzt, wo Blau dominiert, hat es einen ausgezeichneten Einfluß auf die Psyche. Beide Farben verlieren in dieser Verbindung jedoch etwas von ihrer Intensität, während

Gelb sich mit seiner Komplementärfarbe Violett gut behauptet. Neben Rot kann es dagegen giftig wirken. Wird es mit Weiß gemischt, behält es zwar seine leuchtende Helligkeit, verliert jedoch an Kraft. Mit dunklen Farben, v. a. neben Schwarz, gewinnt es durch den starken Kontrast an Dynamik.

Aus irgendeinem Grunde ist Gelb nie eine beliebte Kleiderfarbe gewesen – dabei ist es *die* Kommunikationsfarbe schlechthin. Das hat vermutlich mit seiner Tiefensymbolik zu tun. Auch war diese Farbe zu auffallend: Mit ihr konnte man sich nie unauffällig im Hintergrund halten. Eine Modefarbe ist Gelb auch nie gewesen, wie Orange gilt es eher als »modisch« und gehört zu denjenigen Farben, die in der Kleidung ganz selten einmal Lieblingsfarben sind.

Die Polarität der Gelb-Psychologie

Positive Wirkung: Die Leuchtkraft der Farbe Gelb ist eine stärkende Energienahrung (Sonne!) für den Menschen. Sie unterstützt ihn bei der Bewahrung seines vitalen Gleichgewichts, und gleichzeitig kann sie eine für sein »Selbst« befreiende Wirkung haben. Sie kann auch Nahrung für seine Intuition sein. Positive Gelb-Schwingungen haben eine tiefgreifende Wirkung auf den Menschen und können zu seiner körperlichen Entspannung, seelischen Entkrampfung und geistigen Öffnung beitragen.

Negative Wirkung: Für einen unausgewogenen Menschen kann Gelb durch übermäßige Stimulation noch verstärkt zur Störung der Harmonie beitragen, was dazu führen kann, daß ein übererregbarer Geist leicht zur Selbstüberschätzung neigt. Damit wird Gelb zu einer betont materiellen Schwingung, die auf Impulse wie Stolz und Selbstüberhebung eingehen läßt.

Übungsvorschläge zum Ausgleich von Gelb

Habe ich den Eindruck, mein Leben nicht richtig in der Hand zu haben?
Habe ich Schwierigkeiten, meine (ehrgeizigen) Pläne zu realisieren?
Habe ich das Gefühl, nicht reich und anerkannt zu sein?

Ich lege mir ein Heft über meine Ausgaben an, das ich fast in der Form eines Rituals führe. Ich lege darin 3 Spalten an:
In die 1. schreibe ich meine täglichen Ausgaben.
In der 2. notiere ich Bemerkungen über meine Gemütsverfassung an dem betreffenden Tag. Ich vergleiche meine Stimmung z. B. mit dem Wetter (die Beispiele können beliebig erweitert werden):
– eine große oder kleine Sonne für große Freude oder Fröhlichkeit
– Wolken für die Neigung zu Verschlossenheit
– Grau für Zögern und Unschlüssigkeit
– Regen für Tränen
– Gewitter für Zorn.
In die 3. Spalte trage ich das wichtigste Ereignis des jeweiligen Tages ein.
Nach einem Monat ziehe ich die Bilanz meiner täglichen Eintragungen: Damit kann ich einerseits meine Ausgaben kontrollieren und andererseits die Faktoren erkennen, die meine Ausgaben begünstigen. Gebe ich mehr aus, wenn alles eitel Sonnenschein ist oder wenn ich deprimiert bin?
Für die Bestimmung meines Selbstwertes schreibe ich dreißig meiner guten Eigenschaften auf. Während eines Monats versuche ich, jeden Tag eine von ihnen zu praktizieren.

Die psychologische Wirkung der Farbe Grün

Wenn du Grün, die Farbe der Natur, liebst, befindest du dich in Gesellschaft von Shakespeare und Anatole France. Grün verleiht dir einen universellen Standpunkt – die Fähigkeit, die Probleme anderer zu verstehen, tolerant und freizügig zu sein. Du hast einen milden und liebenswürdigen Geist, doch gerade weil er so klar und vorurteilslos ist, mag es dir schwerfallen, die dauerhaften Werte im Leben herauszufinden. Du verliebst dich leicht, deine Eingebungen werden sich eher zu vielen als zu wenigen hingezogen fühlen. Du willst und hast von allem etwas. Kümmere dich um deine besseren Eigenschaften und vernachlässige nicht die natürliche Schönheit deines Geistes. Versuche, nicht nur gebildet zu sein und »alle Antworten zu kennen«, sondern selbst zu denken und wirklich zu verstehen. Dein Name wird vielleicht nicht in irgendwelchen Nachschlagewerken auftauchen, doch die Menschen lieben dich, wenn sie dich erst einmal kennen. Grüne Persönlichkeiten geben gute Ehepartner ab, da sie mit allen klarkommen. Wobei Rot vielleicht die beste Wahl wäre, denn der Wagemut, der dir möglicherweise fehlt, öffnet dich ganz für die Welt, die du liebst.

(Charakterisierung nach Faber Birren)

Für den Maler Kandinsky ist Grün die ruhigste und die beruhigendste aller Farben: der Punkt des vollkommenen Gleichgewichts zwischen den Primärfarben Gelb und Blau. Eine Farbe, die weder warm noch kalt ist, weder Leidenschaft noch Melancholie zu erkennen gibt, ist Grün Ausdruck einer wohltuenden Ruhe für das Auge und für die Seele – wenn auch leicht in der Gefahr, langweilig zu wirken und z. B. geistig gestörte Menschen nach andersfarbigen »Fluchtpunkten« ausschauen zu lassen.

Grün ist wohl auch deshalb der ruhende Pol in der Mitte, weil Rot nah und Blau fern wirkt. Obwohl eigentlich Grün die Komplementärfarbe von Rot ist, wird viel eher Rot-Blau als Gegensatz empfunden, während Grün eine Zwischenstellung einnimmt. Rot ist heiß, Blau ist kalt, Grün ist lau; Rot ist aktiv, Blau ist passiv, Grün ist ruhiges Tun. Extreme können gefährlich sein, Grün ist sicher. Auch symbolisch ist es zwischen dem materiellen Rot und dem geistigen Blau anzusiedeln.

Das *Blaugrün* des Lüscher-Tests bedeutet *Willensspannkraft*. Es hat die Eigenschaften: ex-zentrisch, autonom, sichernd-defensiv, besitzend, beharrend, Ausdauer, Selbstsicherheit. Es wird geprägt von dem Bedürfnis nach Selbstbehauptung und Anerkennung – auch gegen Widerstände. Es ist Sinnbild für Konstanz und Sicherheit und Ausdruck von Festigkeit und defensiver Abwehr gegenüber Veränderung.

Die beruhigendste Wirkung wird dem »Standardgrün« zugeschrieben; es behält auch bei längerem Hinsehen seinen angenehmen Effekt und ist uns vom Billardtisch und der Schultafel bekannt. Wird es mit Weiß zu Hellgrün vermischt, wird es sichtlich geschwächt, und wir assoziieren es mit Sterilität und nach dünnem Pfefferminztee riechenden Krankenhauswänden. Tendiert es mehr zu Gelb, wird es recht belebend, bei einem zu hohen Gelb-Anteil aber leicht grell und »giftig«. Türkis, eine Mischung aus Grün und Blau, wirkt beruhigend und läßt gleichzeitig an die Frische des Wassers denken. Ein dunkles Grünblau kann dagegen leicht traurig wirken, doch behält Grün seine sämtlichen positiven Eigenschaften, wenn es neben Blau gesetzt wird. Grün als Farbe in der Wohnungseinrichtung ist nur selten ein guter Griff, denn es wirkt rasch leblos und fade – vielleicht deshalb, weil die Natur unser Auge mit unzähligen und stets wechselnden Nuancen dieser Farbe verwöhnt. Da ist manchmal die weniger natürliche Farbe Türkis angeraten, die auch die Räume größer erscheinen läßt.

Grün ist ein gutes Beispiel dafür, daß bei der Verwendung einer Farbe, beispielsweise zu Werbezwecken, auf das jeweilige äußere Umfeld zu achten ist. Das heißt, es empfiehlt sich im Sommer nicht, Drucksachen mit der Farbe Grün zu verbreiten, da das Auge von dieser Farbe ermüdet ist und eine Kompensationsfarbe sucht – da bietet sich Rot an. Im Winter ist die Verwendung von Grün dagegen zu empfehlen.

Grün steht auf der emotionalen Ebene in direktem Kontrast zu der impulsiven Farbe Orange, die sich oft einer Beurteilung durch die Vernunft entzieht. Auf dem Weg von Orange nach Grün sind – auf der Stufe von Gelb – Prozesse vollzogen worden, die mit Erkenntnis und Selbstmeisterung zu tun haben. Die Empfindlichkeit von Orange wird zur echten Sensibilität von Grün. Es ist auch die Farbe, die non-verbal die Verbindung zum anderen herstellen kann, die Farbe der Brüderlichkeit und Nächstenliebe, die zu einem echten Gefühlsaustausch führt. Sie ist mit der Ebene des Herz-Chakras verbunden.

Grün, die Kreativität und Fruchtbarkeit der Schöpfung, ist Sinnbild für die Dauerhaftigkeit des Lebens zwischen dem Weiß-Pol des Winters und dem Rot / Gelb-Pol der herbstlichen Ernte. Es ist die Farbe der Hoffnung, die für Geduld, Erneuerung und Heilung steht; als Heilfarbe gilt besonders das tiefe Smaragdgrün. Durch die Verbindung mit der Natur ist gerade Grün aber auch eine sehr ambivalente Farbe.

Die Polarität der Grün-Psychologie

Positive Wirkung: Grün ist ein Ausdrucksmittel, das die Kräfte der Vegetation und des Wassers miteinander verbindet. Es betont damit die Harmonie zwischen Wasser und Pflanze, zwischen Licht und Erde. Grün reagiert auf Schwingungen, die zur Regeneration und Wiederherstellung des Gleichgewichts dienen. Für den Menschen kann Grün eine notwendige Nahrung auf dem Weg zu der Beherrschung seines Selbst sein, denn da es aus Gelb und Blau besteht, hat es Anteil an unserer physischen und geistig-seelischen Natur.

Negative Wirkung: Durch den Aspekt dieser Mischung von Körper / Geist ist natürlich auch immer die Möglichkeit zu einem *gestörten* Gleichgewicht zwischen zwei so entgegengesetzten Kräften gegeben. Das zeigt sich sehr leicht in einem Zustand von geistiger Desorientiertheit oder Verwirrung, vgl. die bereits erwähnte Reaktion von geistig Kranken auf die beruhigende Wirkung der Farbe Grün in einer ländlichen Umgebung.

Übungsvorschläge zum Ausgleich von Grün

Übung 1

Gibt es einen Teil in mir, sei es physisch oder psychisch, den ich nicht akzeptiere?
Habe ich den Eindruck, mehr zu geben als zu bekommen?

Einen ganzen Tag über beobachte ich genau, was ich an mir nicht mag. Wenn mir z. B. meine Hüften nicht gefallen, muß ich mir die Frage stellen, welche Beachtung ich ihnen überhaupt schenke. Wenn ich ein Ding nicht liebe, ist es normal, daß es mich auch nicht liebt. Wenn ich feststelle, in welchem Ausmaß ich seine Existenz vernachlässige oder ignoriere, kann ich begreifen, daß dies auf Gegenseitigkeit beruht.

Über einen längeren Zeitraum hin stelle ich am Ende eines jeden Tages eine Liste zusammen über alles, was ich gegeben habe, und mache eine Gegenaufstellung über alles, was ich empfangen habe. Dann ziehe ich Bilanz.

Ich atme fünfmal tief ein. Dann halte ich jeweils vor dem

103

Einatmen und vor dem Ausatmen solange wie möglich den Atem an, was ich mit der Stoppuhr messe. Diese Übung kann mir folgende Fragen beantworten: Wieviel Zeit kann ich damit verbringen, ohne zu geben (ausatmen) und ohne zu empfangen (einatmen)? Muß ich mehr geben oder empfangen lernen?

Übung 2

Bin ich gefühlsmäßig leicht bewegt?

Ich suche bewußt Situationen auf, die starke Gefühlsbewegungen in mir hervorrufen.

Wasser ist ebenso ein Bindungs- wie ein Lösungsmittel, das heißt, es besitzt die Eigenschaft, sich mit den Elementen, mit denen es sich vermischt, zu verbinden oder davon zu lösen. Da der Mensch zu 85 % aus Wasser besteht, sind dies demnach 85 % mögliche »Bindungen«. Wenn ich Wasser ausscheide, gebe ich damit einige dieser Bindungen auf. Wenn ich weine, befreie ich mich von solchen Bindungen, an denen ich nicht mehr festhalten will. Meine Tränen haben mit einem Prozeß der Bewußtwerdung darüber zu tun. Ich eliminiere damit alte Bindungen, um Platz für andere zu schaffen, und erhalte die Möglichkeit, neue Beziehungen eingehen zu können.

Die psychologische Wirkung der Farbe Blau

Blau ist die Farbe der Introvertierten und von Natur aus Konservativen. Die meisten Republikaner gehörten dazu, so Franklin und Lindberg. Vielleicht fließt nordisches Blut in deinen Adern. Du bist anderen gegenüber sehr feinfühlig und kannst deinen Enthusiasmus gut beherrschen. Dein Charakter ist dir wichtig – auch wenn dies anderen lästig sein könnte. Wenn du eine Sünde begehst, plagt dich dein Gewissen – doch du wirst trotzdem weitersündigen. Du lernst gut, hast eine gesunde Urteilskraft und ein tiefes Verantwortungsgefühl. Du darfst aber keine Maulwurfshügel mit Bergen verwechseln! Du bist vorsichtig in der Kleidung, im Reden und im Handeln und führst ein nüchternes Leben, dazu bestimmt, Anweisungen auszuführen. Die größte Schwierigkeit bereitet dir deine Unfähigkeit, loslassen zu können. Dummheit stört dich ebensosehr wie überragende Intelligenz. Du bist ein perfekter Freund. Einen sicheren Ehepartner findest du in deinem eigenen oder im grünen Farbtypus. Als Mann wirst du dir aber vielleicht ein rotes oder oranges Mädchen suchen, weil deine brachliegenden Emotionen stimuliert werden wollen. Nach der Heirat möchtest du dieses charmante Wesen dann vermutlich verändern – und machst damit alles zunichte, denn du solltest nicht den Versuch unternehmen, diese Persönlichkeitsmerkmale verändern zu wollen.

(Charakterisierung nach Faber Birren)

Blau ist die unangefochtene Königin unter den Lieblingsfarben – vielleicht deshalb, weil es so viele positive Eigenschaften versinnbildlicht, wie Freundschaft, Treue und Harmonie. Es ist gleichzeitig eine ruhige und kraftvolle, eine vernünftige und mystische Farbe. Von allen Farben des Spektrums ist Blau die kälteste und immateriellste. Mit seiner Farbe des Himmels markiert es die Grenze zwischen der Materie und einem nichtmateriellen Zustand.

Dem entspricht in der Tradition die Vorstellung von Blau als Übergangszustand vom gewöhnlichen Bewußtseinszustand zu höheren geistigen Fähigkeiten. Dies wird ermöglicht durch die Intuition, in der sich die empfängliche, weibliche Natur der Farbe Blau widerspiegelt. Blau bezeichnet, jedenfalls meistens, die positive Seite der Phantasie, die »Blaue Blume« des Ideals der Einheit. Dazu wieder Kandinsky: »Je tiefer das Blau ist, desto mehr ruft es den Menschen in das Unendliche, weckt in ihm die Sehnsucht nach Reinem und Übersinnlichem . . . Blau ist die typisch himmlische Farbe. Sehr tiefgehend entwickelt Blau das Element der Ruhe.« Doch eine mögliche negative Bedeutung klingt in Redensarten wie »einen blauen Dunst vormachen« oder gar »das Blaue vom Himmel herunterlügen« unhörbar an. Im allgemeinen wird die Lüge aber mit Gelb, das allzu Phantastische mit Violett assoziiert.

Dunkelblau bedeutet nach Lüscher *Gefühlstiefe*. Seine Eigenschaften sind: kon-zentrisch, verbindend und vereinigend, nachdenklich, empfindsam, Ruhe (physiologisch) und Zufriedenheit (psychologisch), Liebe, Freundschaft, Harmonie, Identifikation. Prägend ist das Bedürfnis nach Ruhe und Zufriedenheit. Die Ablehnung von Blau kann einen Mangel an entspannter Ruhe und als positiv empfundener Zufriedenheit signalisieren.

Mit der Farbe Blau korrespondiert das Weibliche, das eher phlegmatische Temperament, das Bild des ruhenden Wassers, die linke Seite und die horizontale Richtung. Die »blaue« Geschmacksempfindung ist das Süße – Blau wird gern für Zuckerverpackungen verwendet. Die ihm entsprechende sinnliche Empfindung ist die Zärtlichkeit, das zugeordnete Organ die Haut: Bestimmte allergische Reaktionen können mit einer gestörten Beziehungsfähigkeit zusammenhängen.

Blau ist, wie anfangs schon erwähnt, allgemein die beliebteste Farbe, die heute wohl fast überall auf der Welt dominiert. Sie wird von der Mehrzahl der Menschen bevorzugt, da sie dem Leben etwas von seiner Hektik nimmt, deren Reizen wir ständig ausgesetzt sind, weil Blau die Entspannung fördert und wenigstens innere Ruhe entstehen läßt.

Nach dem Gesetz der Ambivalenz und Doppelwertigkeit gibt es allerdings auch noch eine andere Erklärung dafür: Demnach soll Blau von um so mehr Menschen bevorzugt werden, je technologischer eine Kultur orientiert ist. Blau signalisiert die Verstandesbetonung und die Vorliebe für logisches Denken und praktisches Handeln. Blau ruft hier die Assoziation an den »Blaustrumpf« wach, der gar nicht unbedingt blaue Strümpfe tragen muß . . . Sehr beliebt ist Blau, neben Grau und Schwarz, als Farbe für das Auto und für den korrekten Anzug bzw. das Kostüm. Blau als Kleiderfarbe wirkt gleichzeitig unauffällig und seriös, doch nie so elegant und aussagestark wie Schwarz. Als »Business«-Farbe vermittelt es zwar eine große Solidität, doch zuviel Blau – vor allem Dunkelblau – in der Kleidung kann die Libido und damit allgemein die Körperenergie zu stark dämpfen. Gerade mechanische Arbeiten brauchen unterstützende Farben – wenn auch nicht gerade Rot!

Blau war früher schon aus rein materiellen Gründen die am meisten getragene Farbe: Rot und Purpur waren sehr kostbare und teure Farben, die daher dem Adel (und der Kirche) vorbehalten blieben. Blau konnte jeder tragen – doch je leuchtender das Blau der Kleidung war, desto höher mußte die gesellschaftliche Stellung des Betreffenden sein. Das läßt sich aus der Verarbeitung der Farbe Indigo und dem Material der einzufärbenden Stoffe erklären. Auf Seide leuchtete Blau einfach stärker als auf Baumwolle. »Königsblau« ist noch heute eine besonders strahlende Farbe. Indigo wurde auf der ganzen Welt zur Farbe der Arbeitskleidung. Das reicht vom Blaumann des Handwerkers bis zum Wahrzeichen der Cowboys, den berühmten Blue Jeans.

Blau verträgt sehr gut die Mischung mit Weiß und kann sogar mit einer Reihe von Grün- und Brauntönen harmonieren. Seine Komplementärfarbe ist Orange. In blaugestrichenen Räumen werden aufgeregte Menschen ruhiger, ihre Atmung verlangsamt sich, ein tiefes Ausatmen und Loslassen wird gefördert. Blaue Räume und auch Gegenstände wirken größer, als sie eigentlich sind, da sie sich dem Betrachter zu entziehen scheinen. Sie müssen nicht kühl wirken, denn es gibt durchaus auch warme Blautöne. Gemeinsam mit blauem Licht kann Blau überall dort mit Erfolg eingesetzt werden, wo für die Psyche schädliche Umweltbedingungen kompensiert werden müssen. Bei Überaktivität, Nervosität und geistiger Erschöpfung steigert sich das Bedürfnis nach Blau, denn es verringert die Funktionen des Wachbewußtseins, so daß sich der Körper besser auf Schonung und Erholung einstellen kann. Blau dient im Sinne einer Schutzfarbe zur Stärkung und Kräftigung, zum Beispiel nach langer Krankheit; es gibt in schwierigen Situationen und bei Mutlosigkeit innere Energie, und es schenkt auch die Kraft, sich besser von etwas lösen zu können und Grenzen zu überschreiten.

Indigoblau

Die Grenzen zwischen Himmelblau und Indigo, einem dunklen Blau mit einem Schuß Rot, das bereits wieder an Blauviolett stößt, sind schwer zu ziehen. Vielleicht könnte man es so umschreiben: Was auf der Ebene von Blau die »Intuition« ist, entspricht auf der Ebene von Indigo dem »Bewußtsein«. Während Indigo die Farbe dieses Bewußtseins an sich darstellt, ist Blau diejenige Farbe, die dieses Bewußtsein in sich aufnimmt und ihm Ausdruck gibt. Indigo steht damit in unmittelbarem Kontakt zu meinem inneren Wesen. Ist diese Seinsebene allerdings durch Gewohnheit oder negative Erfahrungen verdunkelt, wird sie zum Unbewußten und zur Quelle meiner Begrenzungen und möglichen Fehlschläge. Durch innere Arbeit und die Kraft des positiven Denkens kann ich mir diese Mechanismen bewußt machen und sie wieder auflösen. Ich habe nur die Grenzen, die ich mir selbst errichte.

Für den Maler Kandinsky symbolisiert das tiefdunkle Blau die Anziehung des Menschen durch das Überwirkliche und auch den Wunsch nach geistiger Reinheit. Durch seine Tendenz zu Schwarz wird das dunkle Blau von einer Melancholie geprägt, die über das Menschliche hinausweist.

Die Polarität der Blau-Psychologie

Positive Wirkung: Die Schwingungen des reinen Blau stehen in Verbindung mit den Energien des logischen Denkens und der Urteilskraft. Sie gehören einer Welt der konventionellen und gefühlsbetonten Spekulationen an, die mit Glück und vor allem mit Frieden zu tun haben. Dies entspricht auch dem Luft-Element, denn in seinem Zeichen läßt der Mensch physische und seelische Belastungen gern hinter sich und »entgrenzt« sich. Blau hilft ihm dabei, zerrüttete psychische Kräfte zurückzugewinnen.

Negative Wirkung: Blau kann zu einem lähmenden Element werden, das zu Inaktivität und einer Art von »geistigem Winterschlaf« verführt. Dies entspricht einem inneren Zustand, bei dem die Energien wie erloschen sind und die betreffende Person häufig mit Depression zu kämpfen hat. Blau bietet dabei eine Rückzugsmöglichkeit für das Ich an, worin der Wille gefangen ist, um nicht der völligen Resignation ausgesetzt zu sein.

Übungsvorschläge

Vorab die Bemerkung, daß Blau, Indigo und auch Violett

mit Eigenschaften korrespondieren, die kaum voneinander zu unterscheiden oder gar zu trennen sind. Als Beispiel: Ich entscheide mich für etwas (die Wahl = Blau), was ich machen möchte (die Absicht = Indigo), und das hat mit meiner Zielvorstellung (die Richtung = Violett) zu tun.

Trotzdem haben Blau und Indigo eigene Übungen, da sie zwei verschiedenen Energieebenen oder Chakras entsprechen.

Übung zum Ausgleich von Blau

Habe ich Schwierigkeiten, etwas anzunehmen?
Wenn ich ein Geschenk bekomme, fühle ich mich dann zu einer Gegenleistung verpflichtet?
Kann ich spontan kreativ sein?

Ich beobachte genau mein Verhalten, um mir selbst die folgenden Fragen ehrlich beantworten zu können: Kann ich etwas Unbekanntes akzeptieren? Neige ich dazu, Vorschläge von anderen abzulehnen? Kann ich ein Kompliment entgegennehmen, oder lenke ich sofort von mir ab?

Zu meiner nächsten Einladung gehe ich bewußt mit leeren Händen. Ich versuche auch nicht, dafür eine Erklärung oder Rechtfertigung zu geben, sondern öffne mich, um alles das aufzunehmen, was mir entgegengebracht wird.

Ich erschaffe mir Situationen, in denen ich keine andere Möglichkeit habe als zu improvisieren – sei es, eine Rede aus dem Stegreif zu halten oder eine Initiative zu ergreifen, ohne mich darauf vorbereiten zu können. Bei diesen Gelegenheiten kann ich entdecken, daß ungeahnte Energien in mir schlummern und in dem Augenblick verfügbar sind, wo ich sie am wenigsten erwarte. Ravel ist ein berühmtes Beispiel dafür: Er hatte den Auftrag, ein Musikstück zu schreiben, ließ aus Nachlässigkeit jedoch die Zeit verstreichen, bis die Woche der Konzertaufführung gekommen war. Im Zug, der ihn zu den Orchesterproben brachte, gab ihm der rhythmische Takt der Eisenbahnschwellen die Idee zu seinem berühmten *Bolero* . . .

Übung zum Ausgleich von Indigo

Wer bin ich?
Spiegeln meine Erfahrungen meine wirklichen Absichten wider?
Kann ich erkennen, ob sich meine Absichten in innerer Übereinstimmung mit mir befinden?

Die Antwort auf die erste Frage kann nicht durch eine verstandesmäßige Anstrengung gegeben werden. Oft zeigt sie sich ganz plötzlich, nachdem ich sie mir unablässig wiederholt habe, bis der Geist loslassen muß. Aus der Flut von unkontrollierten Gedanken und Worten ergibt sich dann manchmal die richtige Antwort – »richtig« in dem Sinne, daß sie diese Resonanz in mir auslöst. Mein Unbewußtes hat sie ans Licht befördert.

Ich beobachte die Zeichen zwischen Innen- und Außenwelt und versuche festzustellen, wie häufig mir ein äußeres Geschehen Antwort auf eine Frage gibt, die ich mir gestellt habe. Hier kommt das Gesetz der Synchronizität zur Geltung, nach C. G. Jung »ein Zeichen der Bestätigung, daß wir auf einem geistigen Weg sind«.

Auch Träume können durch ihre tiefe Symbolik die Botschaften meines Unbewußten besser verstehen lassen. Hier eine einfache Deutungsmethode:

Gleich nach dem Aufwachen vergegenwärtige ich mir, mit geschlossenen Augen, den Traum oder zumindest ein Bild / eine Szene daraus, mit deren Hilfe ich den ganzen Ablauf rekonstruieren kann. Ich schreibe den Traum auf oder erzähle ihn sofort einem anderen, wenn das möglich ist.

Zuerst gebe ich meinem Traum spontan einen Namen.

Dies hat sehr oft mit der unbewußt richtigen Deutung zu tun. Dann schreibe ich alle Elemente auf, die der Traum gehabt hat, und stelle mir bei jedem die Frage: »Welchem Teil von mir entspricht dieses Element?« Ich antworte mir selbst entweder mit lauter Stimme oder schreibe die Antwort auf. Dem Traum-Element stelle ich dann weitere Fragen: Wer bist du? – Was stellst du dar? – Was hat dich in meinen Traum gebracht? – Was erwartest du von mir? – Welche Botschaft hast du mir mitzuteilen?

Ich lasse alle Elemente des Traums noch einmal an mir vorüberziehen. Aus ihrer Gesamtheit kann ich wertvolle Einsichten über mich gewinnen und vielleicht auch erkennen, ob meine Absichten und Erfahrungen sich in innerer Übereinstimmung mit meinen tieferen Wünschen befinden.

Es ist sehr gut, diese Übung zu zweit durchzuführen: Sie vertieft jede Beziehung und gibt mir außerdem die Möglichkeit, eine Betrachtungsweise außerhalb von mir kennenzulernen.

Die psychologische Wirkung der Farbe Violett

Mit der Liebe zu Violett sind deine Wesensmerkmale ungewöhnlich und exklusiv. Du bist dir selbst ebenso ein Geheimnis wie anderen und gehörst in die Gesellschaft von Voltaire, Pasteur, Jefferson und E. A. Poe. Künstlerisch veranlagte Menschen favorisieren diese Farbe, die auch insofern zu ihnen paßt, da ihr Denken in der Regel unkonventionelle Wege beschreitet. Diese Menschen sind meistens von sich selbst ziemlich überzeugt. Sie haben ein wahres Gespür für Werte und oft eine wirkliche Begabung – die sie jedoch nicht selbst anpreisen. Einer ihrer größten Vorzüge liegt in einer inneren Weisheit, die sie niemals anderen aufzuzwingen suchen. Sie sind anpassungsfähig, jedoch nicht leicht zu beeindrucken. Sie wer-

den sich dort versöhnen, wo andere nur nachgeben. Es läßt
sich leicht mit ihnen zusammenleben. Sie machen ihren Part-
nern nicht damit das Leben schwer, daß sie zu impulsiv wie
eine rote Persönlichkeit oder zu festgelegt wie der blaue Typus
sind. Vor dem, der sie gut kennt, werden sie wenig verbergen.
Als Partner ist jeder Farbtypus geeignet, doch der ideale Ge-
fährte wird der gelbe sein.

(Charakterisierung nach Faber Birren)

Die aus Rot und Blau zusammengesetzte Mischfarbe Violett verbindet in sich, vereinfacht ausgedrückt, die Energien von Himmel und Erde und entspricht einem geistigen
Einfühlungsvermögen. Im Violett wird die reine Schwingung des Mitfühlens von Blau durch den konkretisieren-
den Einfluß von Rot aktiviert. Die Mischung, oder besser:
Verschmelzung Rot-Blau wird stets auf irgendeine Weise
mit Einheit, Vereinigung, Identifikation assoziiert. Sie
entspricht einer »participation mystique«. Nach Lüscher
möchte, wer Violett bevorzugt, eine magische Beziehung
eingehen, möchte bezaubert werden und selbst bezaubern.
Violett gilt als *die* Geheimfarbe und gehört mit Schwarz zu
den Farben der Magie. In der Verbindung mit Rot zu Purpur verstärkt sich der darin enthaltene Faktor »Macht«.
    Der in Violett mitschwingende Wunsch nach Identifika-
tion birgt aber auch das Moment der Unterwerfung in
sich. Früher wurde kleinen Kindern ein violetter Stein
(der Amethyst?) um den Hals gebunden, damit sie folgsam
waren. Diese symbolische Wertbesetzung ist Teil der »violetten Persönlichkeit«, die durch den Wunsch nach Identifikation mit einer idealisierten Person (oder Sache) charak-
terisiert wird.
    Da im Violett das Rot, als Farbe des Lebens, durch das
geistige Blau des Himmels sozusagen »ausgelöscht« wird,
kann es als Durchgangsstufe zwischen Leben und Unster-
lichkeit gedeutet werden. Vereinzelt wurde es sogar als

Trauerfarbe verwendet, doch hauptsächlich gilt es, wie Blau, als Farbe der Spiritualität – wenn auch mit einem Hauch von Melancholie.

Durch unterschiedlichen Rot-Anteil kann diese Mischfarbe aus Rot und Blau aber auch ganz andere Aspekte entfalten: Als dunkles Rot mit Blaustich wird sie zu Rotviolett oder Purpur, einer ausdrucksstarken Farbe, die früher deutlich mit Macht und auch Wohlstand (durch die seltenen Purpurmuscheln, aus denen die Farbe gewonnen wurde) verbunden war. Wenn der Anteil von Blau überwiegt, entsteht das fast schon mit Indigo identische Blauviolett. Dieses weckt eher die Assoziation mit Einsamkeit und Kälte, während das warme Purpur Ausdruck für das Mysterium des Lebens ist. In der Mischung mit Weiß wird Violett flieder- oder malvenfarbig und damit zu einer sanften Pastellfarbe.

Violett als eine auffallende Mischfarbe ist auch eine Farbe der gemischten Gefühle und Assoziationen. Eigentlich gehört sie zu den kalten Farben, doch durch den Rot-Anteil wirkt sie nicht einmal kühl. Sie scheint zweideutige Empfindungen hervorzurufen und wird von vielen (v. a. Männern) wohl deshalb unbewußt abgelehnt. Auch tritt sie in der Natur nur selten in Erscheinung und mag deshalb als »künstlich« gelten. Violett ist eine typische Modefarbe: sehr originell und unkonventionell. Immer wirkt sie auffallend, vielen erscheint sie aufdringlich. Trotz ihrer spirituellen Bedeutung und sogar sakralen Verwendung gilt Violett als ausgesprochen »weltliche« Farbe.

In manchen Randgruppen konnte Violett zeitweise zur Lieblingsfarbe avancieren. Ihre große Zeit hatte sie im Jugendstil als einer Epoche, die das Künstliche besonders liebte und Violett, zusammen mit dem ebenso unnatürlichen Gold und Silber, in der Mode wie in den dekadenten Salons feierte. Auch die künstlichen Paradiese der psychedelischen Ära öffneten dem Violett ihre Tore. Als »Mischfarbe der Geschlechter« wurde Violett zur Farbe des Feminismus und auch, so vermutet Eva Heller, zur aktiven Farbe in bestimmten Frauenkreisen, die von dem süßlichen Rosa und den damit verbundenen Assoziationen lieber abrücken wollten.

Die Polarität der Violett-Psychologie

Positive Wirkung: Die aus sehr unterschiedlichen Schwingungen zusammengesetzte Mischfarbe Violett wendet sich an die Sensibilität des Menschen, die in Verbindung mit dem Unterbewußten steht und die inneren Assoziationsprozesse beeinflußt. Die Violett-Schwingungen tragen zur Selbstkontrolle des Menschen bei.

Negative Wirkung: Durch die Doppelnatur seiner Schwingungen kann Violett in einem Individuum, das zu Angstzuständen neigt, schwermütige Gefühle mit regressiven Tendenzen hervorrufen. In diesem Fall wird Rot, die Farbe der Libido, vehement von einem unausgewogenen Blau abgewehrt. Wenn dieses Blau stärker als das Rot agiert, wird der Betreffende zu einer inneren Verlangsamung veranlaßt, wobei er mit Einschränkungen und depressiven Instinktregungen konfrontiert wird.

Übungsvorschläge zum Ausgleich von Violett

Bin ich eine Person, die Autorität besitzt?
Empört sich mein Geist schnell gegen Autorität von außen?
Fällt es mir schwer, Frieden in mir selbst zu finden?

Als allererstes muß ich dazu fähig sein, mich selbst beherrschen zu lernen und mein Leben bestimmen zu können. Dafür brauche ich: Überlegung, eine gute Portion Vorstellungskraft, Entschlossenheit, die Fähigkeit, jeden Augenblick wahrnehmen und akzeptieren zu können – und sehr viel Liebe. Um diese Ziele zu realisieren, brauche ich eine gewisse Disziplin. Ich bin »autoritär« bzw. autoritativ in dem Sinne, daß ich ein Gefühl für bestimmte Rituale entwickle. Ich teile mir meinen Tag so ein, daß ich regelmäßig Übungen wie Yoga oder Meditation durchführe und auch bewußt Verpflichtungen eingehe. Ich nehme mir die Zeit, *bewußt* zu leben. Weil ich begriffen habe, daß alles miteinander in Verbindung steht, empfinde ich nichts mehr als lästig. Alles, was ich für mich tue, geschieht gleichzeitig auch für andere: Ich spüle Geschirr, damit andere es benutzen können usw. Ich tue nichts, ohne mich vorher zu fragen, ob mein Verhalten für mich und andere auch nicht schädlich ist. Ich lerne zu dienen.

Die psychologische Wirkung der »unbunten« Farben Schwarz und Weiß

Schwarz als Ausdruck für die absolute Grenze – die Idee des Nichts – Abwehr und Verdrängung von Reizeinflüssen – Verneinung und Verzicht.

Schwarz gilt als Farbe des introvertierten Menschen, dem es die Möglichkeit eines Fluchtpunktes bietet, wo er sich verbergen und abkapseln kann. Eine ernste Persönlichkeitsstörung, so die Meinung der Psychologen, liege bei dem vor, der sich nur mit Schwarz (und ähnlich dunklen Farben) umgebe und damit die Farben des Prismas physisch wie psychisch zurückweise. Tiefenpsychologisch gesehen, ist Schwarz das Bild des »Schattens«, unserer Doppelnatur.

Schwarz nur als Ausdruck von Gefühlskälte und Verschlossenheit? Für einen Menschen im Zustand des inneren Gleichgewichts kann Schwarz auch gleichbedeutend mit einem konstruktiven Ruhezustand sein. Vielleicht brauchen wir Schwarz, um uns – wie in einem »Vakuum« – von der allgemeinen Über-Fülle zu erholen? Ist Schwarz nicht nur der Gegenpol zu Weiß, sondern zu allen Farben? Der Wunsch nach Schwarz kann Ausdruck für das Bedürfnis nach der »ewigen Wiederkehr« sein und den Energien eine gewisse innere Erneuerung bringen.

Obwohl Schwarz, wenn nicht eindeutig negativ besetzt, so doch heftig umstritten und kontrovers ist, liegt es bei den »Lieblingsfarben« erstaunlich weit vorn – jedenfalls noch vor den lichten Farben Weiß und Gelb. Obwohl es eine konservative Farbe ist und eher vornehm wirkt, obwohl es eine Farbe der Kirche und der Autorität allgemein ist, war es auch immer die Farbe der Anarchie und der Avantgarde, die Farbe des Existenzialismus und einer wie auch immer gearteten Individualität: der bewußte Verzicht auf Farbe, der Reduktion signalisiert (und dadurch um so mehr auffällt), der sich nicht anpaßt, der abgrenzt und sich bewahrt – und der von allem abgrenzt, was weiß ist . . .

★

Weiß, das eigentlich auch keine Farbe, sondern (eindeutiger noch als sein Gegenpol Schwarz) nichts als die Synthese aller Farben ist, gilt als die vollkommenste Farbe. Sie ist das Sinnbild für äußere Sauberkeit und innere Reinheit. Weiß: die Farbe der Bäcker und Köche. Weiß als die hygienische Farbe der Krankenpflege, was auch an eine der wenigen negativen Assoziationen bei Weiß denken läßt: an Krankheit und Sterilität. Andere, scheinbar positive Aspekte des »reinen Weiß« entpuppen sich zumindest bei näherem Hinsehen als etwas fragwürdig. Sie haben mit unserem Verhältnis zur »Unreinheit« zu tun. Bleichzusätze im Waschpulver und denaturierte Lebensmittel wie Weißbrot und weißer Reis gehören dazu.

Im allgemeinen wirkt Weiß aber so abgehoben, daß ihm nur schwer eine negative Bedeutung zugeschrieben werden kann – so entrückt aber auch, daß es kaum jemals als Lieblingsfarbe empfunden wird.

Als genauer Gegenpol zu Schwarz ist Weiß die Farbe des extrovertierten Menschen, der sich im Extremfall nur mit Weiß umgibt und nur an der Wahrnehmung weißer oder heller Farbe erfreut. Doch letztlich flieht er, genauso wie der introvertierte Typus, die Farben des Prismas, um seinem eigenen gestörten Zustand auszuweichen. Dabei sucht Weiß unbewußt nach dem Rot, der vitalsten aller Farbschwingungen. Weiß entspricht psychologisch dem Wunsch, sich übermäßig nach außen oder an anderen zu orientieren. Wenn ich meine eigene Mitte nicht spüre, weil die inneren Kräfte zerstreut sind, ist mit Weiß die Gefahr der Illusion verbunden. In diesem Falle ist es gut, ein fehlendes Gleichgewicht durch ein belebendes Rot oder ein kräftigendes Grün herzustellen.

Wie sein Gegenpol Schwarz, läßt sich Weiß nicht nur als Synthese, sondern ebenfalls als die Abwesenheit von Farbe betrachten und kann damit, wie Schwarz, am Anfang *und* am Ende eines Zyklus stehen. Mit einer Phantasiereise durch die Farbe Weiß ist es möglich, etwas von seiner Vergangenheit hinter sich zu lassen. Eine Legende der Eskimos berichtet, daß sie zu diesem Zweck den Brauch hatten, einen Berg zu besteigen, dort ihren alten Namen abzulegen und einen neuen anzunehmen, so daß sie beim Abstieg auf der anderen Seite des Berges ihr früheres »Ich« hinter sich gelassen hatten.

III.

Farben als Heilmittel für Körper, Seele und Geist

Um diese einzelnen bedeutenden Wirkungen
einer Farbe vollkommen zu empfinden, muß
man das Auge ganz mit einer Farbe umgeben,
z. B. in einem einfarbigen Zimmer sich
befinden, durch eine farbige Linse sehen ...
Man identifiziert sich alsdann mit der
Farbe; sie stimmt Auge, Geist und auch den
Körper mit sich unisono.

(Goethe, »Farbenlehre«)

Warum wird bei Anämie Eisen verschrieben? Warum fördert rote Farbbestrahlung die Bildung von Hämoglobin? – Warum sind die Blüten von abführenden Pflanzenmitteln überwiegend gelb? Warum wirkt gelbe Farbbestrahlung auf die Verdauungsorgane? – Warum steht die Farbe Blau in Zusammenhang mit Sauerstoff und hat einen günstigen Einfluß bei Erkrankungen der Atemwege? – Diese Grundfragen stellt und beantwortet die Farbtherapie.

Die Erklärung für die psycho-physiologischen Wirkungen von Farben ist ebenso natur- wie geisteswissenschaftlich und stützt sich wiederum auf die Schwingungslehre. Jede Farbe hat, wie auch jedes gesunde Organ im menschlichen Körper, eine bestimmte Schwingungsfrequenz. Die Wellenlänge jeder Farbe entspricht einer ganz bestimmten Energie; wenn diese im Organismus fehlt, kann das Defizit durch Bestrahlung oder eine andere Behandlung mit der fehlenden Farbe ausgeglichen werden. Krankheit ist, vereinfacht ausgedrückt, die Veränderung einer Körperfunktion. Dies läßt sich auch als eine Veränderung der Frequenz durch eine Beschleunigung oder Verlangsamung der Schwingung erklären. Durch die Anwendung von geeigneten Farbschwingungsenergien ist es möglich, diese Veränderung der Funktion wieder rückgängig zu machen. Wenn es den Körperzellen an einer bestimmten Nahrung fehlt – wozu auch Farbe zählt –, können sie entsprechende Impulse aufnehmen und für ihr Wachstum nutzbar machen.

Die Anwendung der Chromotherapie beruht auf der Lehre von den sieben Hauptstrahlen oder Regenbogenfarben, die sich in Übereinstimmung mit den sieben wichtigsten Energiezentren im menschlichen Körper befinden (siehe »Chakras« in Teil I). Jede Hauptfarbe besitzt analog dazu sieben Grundelemente und sieben Ebenen, auf denen Heilung wirksam werden kann:

1. ein physisches oder materielles Element
2. eine lebensspendende Kraft
3. ein psychologisches Element
4. ein harmonisierendes, verbindendes Element
5. ein besonders ausgeprägtes Heilelement
6. ein Element der Inspiration und Intuition
7. ein spirituelles Element des höheren Bewußtseins.

Die Chromotherapie hat das Ziel, einen Mangel oder Überschuß an einer Farbe, die das Gleichgewicht im Körper stört, zu kompensieren. Wie auch andere Heilweisen der natürlichen oder »sanften« Medizin, wird Farbtherapie zunächst versuchen, keine schon akuten Symptome behandeln zu müssen, sondern auf den Allgemeinzustand und die individuellen Bedürfnisse durch eine bessere Verteilung von Energie einzuwirken. Dadurch werden auch die Selbstheilungskräfte des Körpers angeregt, so daß durch eine Stärkung der Abwehrmechanismen möglichen Erkrankungen vorgebeugt werden kann.

Rot und Blau sind die Grundfarben jeder Behandlung. Der warme Teil des Spektrums wirkt anregend und belebend, der kalte Teil beruhigend und entspannend. Bekanntlich machen Farben wie Rot, Gelb und Orange den Raum kleiner, während Grün, Blau und Violett ihn vergrößern. Entsprechend können die warmen Farben die Raumtemperatur erhöhen, die kalten sie herabsetzen usw. Je intensiver eine Farbe ist, desto größer wird ihre Wirkung sein; je reiner sie ist, desto schneller wird sie eine Reaktion hervorrufen. Im Zweifelsfall ist die Anwendungszeit, zum Beispiel bei einer Farbbestrahlung, eher zu verkürzen als zu erhöhen, doch gilt allgemein, daß in der Chromotherapie die Gefahr einer »Überdosis« kaum besteht. Sollte einmal eine zu starke Einwirkung erfolgt sein, läßt sich dies mit Hilfe der Komplementärfarbe ausgleichen. Ein Fehler bei der Wahl der Farbe oder auch eine zu kräftige Farbe (vor allem unter den warmen Tönen Rot,

Gelb und Orange) kann zu Müdigkeit führen; andererseits aber fördert beispielsweise ein roter Pyjama nicht gerade das Einschlafen, da diese Farbe den Blutdruck anregt, während eine blaue Lichtquelle am Bett das Einschlafen unterstützen wird.

Die heilenden Farbenergien können innerlich oder äußerlich, über den Körper oder den Geist aktiviert werden. Die wichtigsten Methoden für ihre Anwendung sind:

- durch die Nahrung
- durch mit Sonnenenergie und farbigem Licht aufgeladene Flüssigkeit
- durch Bestrahlung mit farbigem Licht
- durch Atemtechniken, entweder direkt oder ebenfalls mittels einer Lichtquelle
- durch Visualisation oder Meditation einer bestimmten Farbe bzw. des Farbspektrums oder in einem farbigen Umfeld.

Selbst die Farbwahl bei der Kleidung als unterstützende therapeutische Maßnahme sollte nicht unterschätzt werden – wie wir gleich sehen werden. Ebenso wichtig ist auch der andauernde Einfluß sorgfältig ausgewählter Farben am Arbeitsplatz und im Wohnbereich.

Der Heilfaktor Farbe in der Kleidung

Die Funktion von Farben in der Kleidung zur Hebung der körperlichen und geistigen Gesundheit ist bereits in früheren Kulturen ein wichtiger Faktor zur Aufrechterhaltung von Gleichgewicht und Harmonie gewesen. Die religiösen Gemeinschaften im Osten, zum Beispiel die Buddhisten, wählten einfarbige Roben in der Lichtfarbe Gelb-Orange, während die Christen Weiß (Reinheit) oder Schwarz (Disziplin) bevorzugten. Im allgemeinen sind folgende Grundtendenzen bei der Farbwahl zu berücksichtigen:

Rot regt den Kampfgeist an.

Gelb stärkt Nerven und Gehirn.

Grün (auch ins Blau oder Grau gehend) begünstigt das geistige Gleichgewicht.

Blau und Violett fördern die geistige Empfänglichkeit.

Rot kann jedem Körperteil zusätzliche Wärme geben; so sind selbst rote Strümpfe und Schuhe bei kalten Füßen besonders zu empfehlen. Die Vorliebe für lebhafte und warme Farben, wie Rot, Orange und Gelb, im Sommer scheint dagegen weniger sinnvoll – sie müßten viel eher im Winter getragen werden. Weiße oder helle Kleidungsstücke reflektieren die Lichtstrahlen und die Wärme, und daher ist es richtig, daß sie bevorzugt im Sommer getragen werden. Blaue oder fliederfarbene Unterwäsche, die kühlende »elektrische« Strahlen reflektiert, hat eine beruhigende Wirkung auf einen überreizten Organismus.

Es empfiehlt sich, eine Vielfalt von Farben zu tragen und diese häufig zu wechseln, um Einseitigkeit zu vermeiden und die Harmonie zwischen den Farbschwingungen zu erhalten. Wenn Witwen, beispielsweise in Sizilien oder Mexiko, zu lange Trauerkleidung tragen, läßt dies nach einiger Zeit die Frauen »alles schwarz sehen« und noch depressiver werden. Mit der Wahl von Weiß als Trauerfarbe haben die Chinesen große Intuition und Weisheit bewiesen. Vor allem die Männer in unserer westlichen Gesellschaft sollten die Farbe ihrer Kleidung nicht derart stiefmütterlich behandeln, da die Schwingungen ihrer farblosen Anzüge, die sie Tag für Tag tragen, sich auf ihre Gesundheit auswirken.

Farben in der Nahrung

Allgemein wird die Ernährung als einer der wichtigsten Faktoren für die Gesundheit angesehen. Bei den Chinesen beispielsweise existiert die Theorie der Fünf Elemente, aus denen sich der menschliche Körper zusammensetzt. Diesen werden fünf Organe zugeordnet, die entscheidend an der Regulation des Organismus mitwirken und die auch ihre farbliche Entsprechung haben (siehe Teil I, »Symbolik«). Die Farben bestimmter Nahrungsmittel sind gut für die mit ihnen korrespondierenden Organe. Außerdem spricht diese Theorie für eine Vielfalt in der Ernährung.

Rot, Gelb und Orange haben einen alkalischen Yang-Effekt, und das gleiche gilt für die entsprechenden Nahrungsmittel wie: rote Früchte, Radieschen, Tomaten, Rote Beten; Aprikosen, Orangen, Mohrrüben; Eigelb, Zitrone, Zwiebeln.

Blau, Violett und Indigo haben einen sauren Yin-Effekt. Zu ihnen gehören solche Nahrungsmittel wie: Trauben, Pflaumen, Auberginen, Rotkohl (»Blaukohl«).

Grün ist, wie die ihm entsprechenden Nahrungsmittel (alle grünen Früchte und Gemüse, Salat) neutral, das heißt, weder alkalisch noch sauer.

Die »warmen« Nahrungsmittel stehen unter dem Zeichen des Feuers oder der Sauerstoffbindung und werden vom Kreislaufsystem beherrscht. Der scharfe Geschmack ist warm, noch wärmer ist der saure Geschmack, und am wärmsten ist der salzige Geschmack. Diese Einteilung beruht auf chinesischen und indischen Lehren, die alle Speisen nach den fünf Elementen und den sieben Strahlen des Spektrums in sechs Geschmacksrichtungen anordnen.

Das Element der »kalten« Nahrungsmittel ist das Wasser; sie werden vom Lymphsystem beherrscht. Der bittere Geschmack ist kalt, der zusammenziehende sehr kalt, und am kältesten ist das Süße.

Die grünen Nahrungsmittel unter dem Zeichen Luft, die weder warm noch kalt sind, haben eine Wirkung auf Hirn- und Rückenmark.

★

Im Krankheitszustand ist die Aufnahme von Farben durch die Nahrung besonders wichtig, vor allem als Rohkost. Dabei ist nach den Gesetzmäßigkeiten der Komplementärfarben vorzugehen, also: bei Fieber, Blutandrang u. ä. mit dem äußeren Zeichen der Rötung sind »kalte« Farben angezeigt; bei Erkältung, Blutstockung u. ä. mit dem äußeren Zeichen einer bläulichen Färbung helfen alle »warmen« Farben. Unterstützt wird die Wirkung des »Farbenessens« noch dadurch, daß die Nahrungsmittel vor dem Verzehr zusätzlich mit ihrer eigenen Farbe bestrahlt werden; dasselbe gilt natürlich auch für Flüssigkeiten.

Gesundheit durch Sonnenlicht

Dove il sole non entra, entra il dottore
»wo die Sonne nicht hinkommt, da kommt der Arzt hin«, weiß ein italienisches Sprichwort zu berichten. Das Sonnenlicht ist eine unserer wichtigsten Lebensquellen. Es enthält alle Farben, die durch die spektrale Zerlegung von Licht entstehen. Das Sonnenbad regt alle Körperfunktionen, wie Kreislauf und Stoffwechsel, an, regeneriert die Haut und begünstigt die Ausscheidung durch die Poren, ja sogar die Wundheilung und die natürliche Körperabwehr. Leider ist dieses Allheilmittel in jüngster Zeit durch das Ozonloch zu Recht ins Zwielicht geraten – wenn wir uns heute dem Sonnenlicht zu lange aussetzen, werden diese wohltuenden Wirkungen geradezu in ihr Gegenteil verkehrt, denn: »Erwärmen« wirkt günstig auf das Leben, »verbrennen« läßt es sterben. Von daher ist es für die Gesundheit wenig ratsam, sich bräunen zu wollen.

Empfehlenswert und völlig ungefährlich ist dagegen die Methode, den ganzen Körper am besten bei Sonnenaufgang wenige Minuten – nach einigen Wochen ca. 10 Minuten – dem Sonnenlicht auszusetzen.

Mit Farbschwingungen aufgeladenes Wasser

Einzelne Farben haben eine größere Heilenergie als das weiße Sonnenlicht insgesamt, da es zwar alle Farbschwingungen enthält, diese sich jedoch zum Teil in ihrer Wirkung aufheben. Eine einzelne Farbe hat eine größere Durchdringungsfähigkeit und damit auch eine tiefergreifende Wirkung über den Körper auf Seele und Geist.

Die Methode der »Aufladung« von Flüssigkeiten in der Sonne hat sehr alte Wurzeln. In Ägypten wurden Schalen mit Wasser (oder auch mit ausgepreßten Fruchtsäften) vor dem Trinken zunächst in die Sonne gestellt, um die »Energie von Ra« zu empfangen. Diese Schalen waren manchmal sogar mit Edelsteinen in derselben Farbe wie der Fruchtsaft verziert, um damit die Heilpotenz zu erhöhen.

Reines Quellwasser, ohne Kohlensäure, aber möglichst mit Mineralien angereichert, wird in Flaschen aus farbigem Glas gefüllt (das man natürlich auch selbst mit transparenter Farbe anmalen kann) und mindestens eine Stunde lang der *direkten* Sonneneinstrahlung ausgesetzt. Bei längerer Einwirkung – bis zu 6 Stunden – ist die Heilkraft entsprechend höher.

Derselbe Effekt kann auch erzielt werden, wenn man farbige Zellglastafeln auf ein Glas legt und das Wasser durch Sonnen- oder Lichteinwirkung mit Farbe auflädt.

Das so »aufgeladene« Wasser ist vorzugsweise nüchtern und *vor* den Mahlzeiten zu trinken. Da Blau eine antiseptische Wirkung hat, läßt sich blaues Wasser bis zu 10 Tagen aufbewahren; rotes, gelbes oder oranges Wasser muß dagegen bei warmem Wetter alle 2 Tage erneuert werden.

Farbbestrahlung

Die besten Ergebnisse werden mit einer starken Glühbirne ab mindestens 100 Watt erzielt. Wir können zu diesem

Zweck sowohl farbige Glühbirnen als auch Farbfilter (aus Zellglas oder Plastik) verwenden. Beides hat den Vorteil, daß bestimmte Farbstrahlen nicht durchfallen, während andere dafür um so stärker konzentriert werden.

Bei den warmen Farben des Spektrums sollte die Behandlung 1- bis 2mal täglich für die Dauer von jeweils 3-10 Minuten erfolgen – in akuten Fällen länger, in schweren Fällen häufiger. Bei den kalten Farben kann die Zeit auf 15-30 Minuten ausgedehnt werden – bei hohem Fieber, Infektionen, schweren Verbrennungen und starken Schmerzen auch auf 1 Stunde.

Ohne großen Aufwand kann eine ganz ähnliche Wirkung erzielt werden, die vor allem gut für die Energieaufladung verbrauchter Nervenzellen ist. Vor das Fenster werden transparente Farbtafeln gehängt, womit das Sonnenlicht in Heilenergie umgewandelt wird.

Gesundheitliche Diagnose durch Farbbeobachtung
(Farbe der Gesichtshaut, Färbung der Augen und der Zunge)

Nach den Entsprechungen der traditionellen chinesischen Medizin zwischen Organen, Elementen und Farben läßt sich mit einfachen Mitteln eine Diagnose der eigenen Gesundheit stellen.

Farbe der Gesichtshaut

1. *grünlich:* Stauung von Energie und Blut, verursacht durch Erkältung, Unterkühlung oder Schmerzen. Bei *intensiver* grünlicher Färbung liegt eine Beeinträchtigung der Leber vor.

2. *rötlich / rot:* zeigt Fieber an. Bei *kräftigem* Rot Blockierung der positiven Energie. Sind Hände und Füße dabei kalt: Herzschwäche.

3. *gelblich:* schlechter Stoffwechsel. Ursache dafür ist möglicherweise eine innere Vergiftung und / oder ein Überschuß an Flüssigkeit im Körper.

4. *blasser Teint* (weiß), verbunden mit Magerkeit: Zeichen für Anämie. Wenn gleichzeitig Hautausschlag auftritt: Energiemangel. Es kann sich dabei auch um eine Erkrankung der Lungen oder um ein Übermaß an Kälte handeln.

5. *sehr dunkler Teint* (schwarz), auch in der Form von Augenringen: Zeichen für große Erschöpfung und Störungen der Nierenfunktion.

Färbung der Augen

1. *rot:* blockierte Energie oder Wärme. Herz- und Leberbeschwerden.

2. *gelb:* Probleme mit der Milz.

3. *bläulich:* Probleme mit der Lunge.

4. *schwärzlich:* Nierenfunktionsstörungen.

5. *orange:* Probleme im Brustraum.

6. *grün:* Leberstörungen.

Färbung (Belag) der Zunge

1. *weißlich:* Unterkühlung – Erkältung.

2. *gelblich:* Beschwerden durch Ernährungsfehler oder Gefühlsschwankungen.

3. *grau / schwärzlich:* übermäßige Erschöpfung.

4. *dunkelrot:* erhöhter Blutdruck.

5. *violett:* übermäßige Kälte – auch Wirkung von Alkohol.

Rot ist der vitale Lebensstrahl, der hauptsächlich auf den physischen Körper einwirkt. Der persische Arzt Avicenna (Ibn Sina), für den Farben äußerst wichtige Heilmittel waren und der bei seiner Arbeit einen roten Kittel trug, wickelte seine Patienten zur Anregung des Kreislaufs in rote Tücher ein.

Der Schlüssel für die heilenden Eigenschaften von Rot ist aus den Begriffen der Symbolik abzuleiten: Feuer und Blut. Die Entsprechung mit dem Element Feuer war schon Bestandteil der traditionellen Medizin Indiens und Chinas. Die Farbe Rot stimulierte das »innere Feuer«, die für alles Leben unerläßliche Wärme. Da Rot am warmen Ende des Spektrums liegt, bekämpft es alles Kalte und regt dementsprechend den Blutkreislauf und die Hämoglobinbildung an.

Allgemeine Kennzeichen

– Rot als Feuer-Element ist unerläßlich für alles Leben, für Bewegung und Aktivität.

– Es wirkt anregend auf die Nerven, besonders auf die der Sinnesorgane, und den Kreislauf durch Erhöhung der Körpertemperatur.

– Es spendet Wärme und hat daher eine lindernde Wirkung auf Muskelzusammenziehungen. Das gilt auch für Rheumatismus, wenn dieser sich durch Kälte verschlimmert.

– Dieselbe Wirkung bei allgemeinem Frösteln bis Schüttelfrost; Erkältung.

– Günstige Wirkung auf die Schleimhäute bei Flüssigkeitsstauungen.

– Anregung der Leberfunktion und damit Mittel bei Verstopfung.

Psychologische Wirkungen

Feuer – vitale Gesundheit – rotes (warmes) Blut: Kraft, gemischt mit der Möglichkeit von Zerstörung (Mars).

Dementsprechend kann Rot eine doppelte Wirkung haben: anregend – aber auch erregend, aufreizend, verwirrend.

Rot wirkt kurzzeitig belebend auf den Geist, kann jedoch zu nervlicher Erschöpfung führen, wenn es zu lange angewendet wird. Eine intellektuelle oder physische Leistung, die in einer festgesetzten Zeit zu erreichen ist, wird von Rot günstig beeinflußt – damit entspricht es der Assoziation mit dem »Pioniergeist«.

Therapeutische Indikationen

- allgemeine körperliche Schwäche
- Anämie, Erkrankungen des Blutes
- Asthma, Bronchitis, Lungenentzündung, Tuberkulose; Erkältung, Schnupfen (aber ohne Fieber!)
- Muskelverspannungen, Lähmungen
- sehr wichtiger Faktor für das endokrine System mit Wirkung auf Apathie, Depression, Kummer und Angst.

Gegenindikationen

Nicht anzuwenden bei:
- Entzündungszuständen, offenen Wunden, Eiterung (hier ist auf Blau-Grün auszuweichen)
- Fieber
- Hochdruck, Blutgerinnsel
- sanguinischem Typus und reizbarem Temperament.

Vorsicht: Eine zu häufige oder zu lange Anwendung von Rot kann möglicherweise große Erschöpfung oder einen Fieberausbruch hervorrufen.

Anwendungsbeispiel bei Anämie

Gilt auch allgemein bei körperlicher Schwäche und Erschöpfung sowie bei Kreislaufstörungen
- rote Farbe in der Nahrung; Obst und Gemüse
- rot aufgeladenes Wasser
- Atemübung mit der Farbe Rot
- Bestrahlung mit Rotlicht, wobei der Patient auf dem Rücken unter einem Laken liegen sollte. Das Licht sollte zuerst auf die Fußsohlen und dann, über die Waden, Knie und Oberschenkel aufsteigend, etwa 20 Minuten auf das Wurzelchakra gerichtet werden. – Im Anschluß daran kurze Bestrahlung mit blauem oder grünem Licht.

Die Heilenergie der Farbe Orange

Orange, eine Verbindung aus roten und gelben Strahlen, liegt in der Mitte zwischen dem physischen und dem mentalen Prinzip. Es ist daher eine sehr wichtige Energie für die Aufnahme von Ideen und für geistige Vergegenwärtigung sowie ein hervorragendes Mittel gegen Hemmungen und Begrenzungen. In ausgewogener Zusammensetzung kann es die stark belebende Wirkung von Rot mildern und oft bedenkenloser als dieses eingesetzt werden; so wirkt es beispielsweise anregend auf den Puls, ohne jedoch den Blutdruck zu beeinflussen.

Allgemeine Kennzeichen
- Aufgrund der allgemein entkrampfenden Wirkung wird Orange gern verwendet bei Krämpfen und Schmerzen aufgrund von nervösen Spannungen.
- In diesem Zusammenhang empfiehlt es sich besonders für den Bereich der Atmung, z.B. bei Asthma und chronischem Schnupfen. Stärkung der Lungen.

Psychologische Wirkungen

Durch die Verbindung von physischer Energie mit mentalen Fähigkeiten und das daraus resultierende harmonische Verhältnis von Körper-Geist wird eine Stärkung von positivem Denken, Selbstvertrauen und Durchsetzungskraft günstig beeinflußt. In einer orangefarbigen Umgebung wird ein Gefühl von allgemeinem Wohlbefinden nachhaltig unterstützt; ein depressiver Zustand kann leichter verfliegen, da diese Farbe tatsächlich Optimismus verbreitet.

Therapeutische Indikationen

– chronische Krankheiten, wie Asthma, Rheuma, Gicht usw.
– Lungenkrankheiten
– Menstruationsstörungen
– anregende Wirkung auf die Schilddrüse (bei Überfunktion ist dagegen Blau anzuwenden).

Orange ist auch bei gutartigen und bösartigen Tumoren angezeigt. Im Frühstadium kann es sogar die Ausbildung von Krebs verhindern. Bei einem bösartigen Tumor ist es zusammen mit dem komplementären Violett anzuwenden.

Da es sich um eine starke Schwingung handelt, ist auch hier Vorsicht angebracht, damit Orange-Strahlen nicht übermäßig an- oder erregen. Die Kombination mit einer schwächeren, aber harmonierenden Farbe ist empfehlenswert.

Anwendungsbeispiel bei Asthma

Besonders bei dieser Erkrankung ist die tiefe Farbenatmung, mit Beanspruchung der Bauchmuskeln, von besonderer Wichtigkeit. Rhythmische Atmung ist sehr gut für das Vertreiben von Angst geeignet – denn Gefühle von Angst, Pessimismus und Mutlosigkeit sind die psychischen Wurzeln für Asthma (negatives Denken). Ebenso sind Farbwasser und -nahrung zu empfehlen, vor allem Apfelsinen! In schweren Fällen 15minütige Bestrahlung der Kehle mit *blauem* Licht, sonst regelmäßige Bestrahlung der Nabelregion mit orangefarbigem Licht.

Die Heilenergie der Farbe Gelb

Sonne und Gold sind die symbolischen Assoziationen bei der Farbe Gelb. Im Altertum, und vor allem in außereuropäischen Kulturen, galt Gelb auch als die Farbe des Lebens. Die allgemeine Körperenergie, der Muskeltonus, das zentrale Nervensystem benötigen diese Farbe. Nach der traditionellen indischen Medizin regt sie das Gehirn und die Nerven an – und ist daher besonders gut gegen Migräne einzusetzen.

Allgemeine Kennzeichen

– Gelb regt die Bewegungsnerven an und erzeugt damit die notwendige Muskelenergie, deren Mangel zu erheblichen Funktionsstörungen führen kann. Durch den Rot-Anteil hat Gelb die Fähigkeit, körperliche Funktionen anzuregen, und gleichzeitig besitzt es auch die heilende Kraft der Grün-Schwingungen, beschädigte Zellen wiederherstellen zu können.

– Gelb fördert positive Magnetströme und stärkt dadurch die Nerven und unterstützt die Gehirnaktivität.

– Gelb wirkt anregend auf die Leber, den gesamten Verdauungstrakt und die Ausscheidung durch die Haut. Es regt die Gallenfunktion an und reguliert die Milztätigkeit.

– Es hat eine reinigende Wirkung auf Blut und Lymphe.

Psychologische Wirkungen

Gelb ist zwar eine mentale Farbe, doch sie steht mehr in Verbindung mit dem wachen Intellekt und der Sinneswahrnehmung als mit der reinen Vernunft.

Positiver Einfluß bei: Mattigkeit, Schläfrigkeit, Niedergeschlagenheit und Melancholie, da es Freude und Heiterkeit fördert.

Therapeutische Indikationen

– bei Verstopfung, Störungen im Magen-Darm-Trakt, Blähungen, Hämorrhoiden; Nieren, Milz
– Lähmungserscheinungen, schlechte Koordination von Muskeln und Nerven; Ischiasnerv
– zur Stärkung des Solarplexus und der in dieser Region liegenden Organe.

Gegenindikationen

Nicht anzuwenden bei:
– Fieber, akuten Entzündungen, Durchfall
– Neuralgien
– Übererregbarkeit, nervösem Herzklopfen, Schlaflosigkeit.

Vorsicht bei Gelb! Im Übermaß oder zu lange angewendet, kann es Brechreiz auslösen – schließlich stammen auch die klassischen Brechmittel (wie Sennesblätter) aus gelben Bestandteilen.

Anwendungsbeispiel bei Verstopfung

30minütiges Einatmen der Farbe Gelb oder lokale Behandlung der Nabelregion mit gelbem Licht hat hierfür eine gute Wirkung. Ist die Reaktion zu schwach, muß zusätzlich blau aufgeladenes Wasser getrunken oder eine blaue Lichtquelle verwendet werden.

Die Heilenergie der Farbe Grün

Grün ist die mittlere Farbe des Spektrums: Sie liegt zwischen den warmen »thermischen« und den kalten »elektrischen« Farben. Es ist eine erfrischende und gleichzeitig beruhigende Farbe, die sowohl körperlich als auch geistig wirkt und, um Goethes Worte zu gebrauchen, als »reale Entspannung empfunden« wird. Der darin enthaltene Blau-Anteil schafft ein Gegengewicht zu der höheren Gelb-Energie. Grün schenkt daher die Sonnenenergie in ihrer sichersten und natürlichsten Form, wie sie auch im Chlorophyll vorliegt, einem der wichtigsten Elemente des Lebens überhaupt. Als Komplementärfarbe von Rot wirkt es blutreinigend und senkt hohen Blutdruck.

Grün ist die Farbe der Natur. Ihre Schwingung wirkt günstig auf Gleichgewicht und Harmonie und ist von wesentlicher Bedeutung für unsere körperliche und seelische Gesundheit. Die medizinischen Abhandlungen des Ayurveda schreiben dieser Farbe überdies die Kraft zu, Störungen zwischen den verschiedenen feinstofflichen Körpern zu harmonisieren.

Allgemeine Kennzeichen

– Grün hat eine beruhigende Wirkung auf das Nervensystem und ist daher gut bei innerer Überreizung, Unruhe und Schlaflosigkeit. Doch Vorsicht: Die Farbe hat hier zuerst eine positive Wirkung, kann dann aber, vielleicht unerwünscht, Müdigkeit mit sich bringen.

– Grün erweitert die Gefäße und erzeugt eine angenehme Empfindung von Wärme.

– Es wirkt ferner desinfizierend, keimtötend und antiseptisch und durch einen anregenden Effekt auf die Hypophyse sexuell stimulierend.

Psychologische Wirkungen

Grün wirkt nicht nur stabilisierend auf die Nerven, sondern auch im Gefühlsbereich. Bei emotionalen Störungen ist die Anwendung im Kopfbereich zu empfehlen.

Grün als die Farbe von Energie, Wachstum, Fruchtbarkeit und Regeneration ruft alle damit verbundenen Wirkungen hervor.

Therapeutische Indikationen

– Asthma, Schnupfen, Heuschnupfen
– Herz- und Kreislaufbeschwerden
– Koliken, Leberbeschwerden, Hämorrhoiden
– Geschlechtskrankheiten
– Geschwüre und Tumoren
– Stärkung von Muskeln, Knochen und Geweben
– Nervenkrankheiten, Übererregbarkeit.

Anwendungsbeispiel bei Herz- und Kreislaufbeschwerden

Positive Gedanken in Verbindung mit dem grünen Strahl sind hier äußerst effektiv, da die Ursache für die meisten Herzbeschwerden im Emotionalkörper liegt. Bei der Tiefenatmung ist die Farbe Grün mit der Farbe Rot abzuwechseln. Bei der Farbmeditation sollte *Smaragdgrün* visualisiert werden. Grünes Licht sollte auf die Herzregion gerichtet werden. – Bei niedrigem Blutdruck sollte *Dunkelgrün* verwendet werden und die Behandlung mindestens 30 Minuten lang andauern. Bei hohem Blutdruck ist *Hellgrün* zu verwenden. Grün bestrahltes Wasser und grünes Gemüse sollten eine wichtige Rolle in der Ernährung spielen.

Die Heilenergie der Farbe Blau

Blau gehört mit Indigo (ein dunkles Blau mit einem leichten Schuß Rot) und Violett zu den kalten Farben, die alle einen kühlenden und beruhigenden Effekt haben. Durch seine Verbindung mit der Luft hat Blau eine günstige Einwirkung auf den Sauerstoff. Nach traditionellen indischen Texten setzt es die übermäßige Körpertemperatur herab und hat die Fähigkeit, das Nervensystem zu beruhigen und gleichzeitig zu stabilisieren. Hinzu kommt eine positive Wirkung auf alles, was mit dem Stoffwechsel zu tun hat.

Allgemeine Kennzeichen

– Blau hat als kalte »elektrische« Farbe eine zusammenziehende Kraft, das heißt, es zieht die Arterien und Venen zusammen und senkt damit den Blutdruck. Ferner verlangsamt es den Herzrhythmus und ist daher bei Herzjagen (Tachykardie) anzuwenden. Blau als Farbe des Gleichgewichts und der Harmonie ist dazu in der Lage, den Blutkreislauf bei übermäßiger Aktivität zu regulieren.

– Die sehr feinen und durchdringenden blauen Strahlen haben eine große Wirksamkeit bei Entzündungskrankheiten durch ihre lindernden Eigenschaften.

– Wirkt antiseptisch und bakterientötend, daher gut bei Vereiterung.

Psychologische Wirkungen

– Blau wirkt öffnend auf das Mentale und macht dafür empfänglich, Dinge zu verstehen
– günstige Wirkung auf Intuition und Meditation und, durch die Wirkung auf das Kehlkopfchakra, für die Kreativität
– wirkt bei emotionalen Störungen zumeist noch beruhigender als Grün und ist ein ausgezeichnetes Mittel bei Übererregbarkeit
– ist bei manisch-depressiven Zuständen in der manischen Phase anzuwenden (in der depressiven Phase: Rot).

Therapeutische Indikationen und Anwendungshinweise

– allgemein bei Entzündungszuständen und Fieber
– bei Schockwirkungen, Schlaganfall, Verbrennungen, Hautkrankheiten
– bei Augenkrankheiten (Star) täglich 30 Minuten lang blaues Licht fixieren
– Keuchhusten (heißt auch »blauer Husten«), Mandelentzündung, Angina. – Bei Halsentzündung alle halbe Stunde 1/2 Glas blau aufgeladenes Wasser trinken und mit der anderen Hälfte gurgeln sowie äußerlich den Hals mit blauem Licht bestrahlen
– schmerzhafte Menstruation
– *akutes* Rheuma
– bei Magenbeschwerden: den Oberbauch 40 Minuten mit gelbem und anschließend 15 Minuten mit blauem oder ultraviolettem Licht bestrahlen. – Zwölffingerdarmgeschwür: 30minütige Bestrahlung mit blauem Licht
– bei spinaler Kinderlähmung: 3mal täglich jeweils 1/2stündige Bestrahlung der Wirbelsäule mit blauem Licht.

Gegenindikationen

Nicht anzuwenden bei:
- Muskelanspannung, *chronischem* Rheuma, Gicht
- *Vorsicht:* Nach 10minütiger Einwirkung der blauen Strahlung fühlt man sich im allgemeinen etwas müde und deprimiert. Um diese Wirkung zu verhindern, ist es ratsam, Blau mit anderen belebenderen Farben zu mischen.

Die Heilenergie der Farbe Indigo

Allgemeine Kennzeichen

- Als elektrische Farbe mit kühlender und adstringierender Wirkung hat Indigo eine reinigende Funktion für den Kreislauf, ist gut für den Muskeltonus, verlangsamt die Atmung; bringt Blutungen zum Stillstand.
- Indigo wirkt anregend auf die Nebenschilddrüse und damit dämpfend auf die Schilddrüse.
- Indigo kann eine betäubungsähnliche Wirkung haben und, falls erwünscht, zu völliger Gefühllosigkeit führen. Die Anwendung hat keine Nebenwirkungen, und der Patient bleibt im Vollbesitz seiner körperlichen und geistigen Kräfte. Der Kranke wird schmerzunempfindlich, wenn er die Farbe Indigo durch getönte Linsen betrachtet; dadurch erhebt sich sein Bewußtsein offenbar auf eine solche Schwingungsebene, daß die Wahrnehmung des physischen Körpers weitgehend herabgesetzt wird.

Psychologische Wirkungen

Diese ergeben sich aus der Wirkung auf die Zirbeldrüse, den Gesichts-, Gehör- und Geruchssinn, das »Dritte Auge«.

Therapeutische Indikationen und Anwendungshinweise

– Asthma, Bronchitis und Lungenentzündung – bei Lungenblutung ist besser Blau anzuwenden
– Lähmungen, besonders im Gesichtsbereich
– Blinddarm- und Mandelentzündung
– Schilddrüsenüberfunktion
– Nervenkrankheiten
– Augenkrankheiten: blaues Licht, blaues Wasser, Brille mit indigogetönten Gläsern tragen
– Ohrenkrankheiten: Bei Taubheit sind Indigo und Orange im Wechsel anzuwenden. – Bei Ohrensausen Kopfbereich mit indigoblauem Licht behandeln. – Bei Entzündungen zuerst blaues, dann indigofarbenes Licht anwenden und blau aufgeladenes Wasser trinken.

Die Heilenergie der Farbe Violett

Violett, der siebte Strahl – seine reinste Form ist Amethyst – ist eine Schwingung, die vor allem auf die *Seele* wirkt. Es hat eine starke Heilwirkung auf Gehirn und Nerven und bedeutet eine große Hilfe bei Konzentration und Meditation (Richard Wagners Musik entstand in einem vorwiegend violetten Umfeld hinter schweren purpurfarbenen Vorhängen).

Violett wirkt ferner beruhigend auf das Herz und anregend auf die Ausscheidung von inneren Giften und die Bildung von Leukozyten zur Körperabwehr.

Allgemeine Kennzeichen

– Günstige Wirkung auf Verdauungsstörungen, Erkrankungen der Milz, auf die Schleimhäute und das Lymphsystem sowie auf das Knochenwachstum

141

– fördert die Gefäßbildung im oberen Teil des Gehirns.

Psychologische Wirkungen

Violett mit dem Sitz im obersten Chakra, dem Tausendblättrigen Lotos, wirkt auf die Gehirntätigkeit. Es ist jedoch weniger eine geistige als eine *spirituelle* Farbe und hat daher eine Tiefenwirkung auf das Unbewußte.

Beruhigende Wirkung bei Unsicherheit und Angst sowie bei Übererregbarkeit. Wirkt lindernd bei geistigen Turbulenzen, die von Gewalttätigkeit begleitet sein können.

Therapeutische Indikationen

– Krämpfe, Ischias, Rheuma
– Neuralgien, Meningitis, Geistesstörungen, Nervenkrankheiten, Epilepsie, Gehirnerschütterung
– Blase, Nieren, Haut.

Besondere Anwendungshinweise

Violett-Schwingungen sind sehr gut für die intuitive Klärung von Problemen geeignet. Es hat eine gute Nervenwirkung bei kreativen Menschen. Zur Kräftigung kann Farbenatmung angewendet werden. – Gute gemeinsame Anwendung mit Blau oder Indigo bei Schlaflosigkeit.

Die Aufnahme von violettem Licht *jeden Abend* ist sehr zu empfehlen für Geistesarbeiter und wird beträchtlich zu einem entspannenden Schlaf beitragen.

Ultraviolett

Diese schon außerhalb unseres normalen Spektrums liegende Farbe hat eine bakterientötende Wirkung auf Blut (Leukozyten) und Gewebe und fördert die Bildung von

Antikörpern zur Immunisierung.

Ultraviolett fördert die Normalisierung von Stoffwechsel und Drüsentätigkeit und regt den Lymphkreislauf an.

Durch den Einfluß auf das Gleichgewicht zwischen Kalzium und Phosphor im Körper und die Bindung von Eisen und Jod ist es bei der Behandlung von Rachitis und Kropf zu empfehlen.

Therapeutische Indikationen

- Herz, Lungen
- Rachitis, Kropf
- Geschwüre, Verletzungen
- Geschlechtskrankheiten.

ATEM-, ENTSPANNUNGS- UND VISUALISATIONSÜBUNGEN MIT FARBEN

Die Farbe muß gedacht, geträumt, imaginiert werden
(Gustave Moreau)

Der Chromotherapeut weiß aus Erfahrung, daß Farben körperliche wie emotionale Reaktionen auslösen und auch Krankheiten bzw. Gesundheitsstörungen ebenfalls immer auf *beiden* Ebenen entstehen. Eine Behandlung des Körpers mit Farbe kann zur Harmonisierung auf der emotionalen und mentalen Ebene beitragen, und ebenso können visuelle Übungen mit Farbe außer geistig-seelischen auch körperliche Wirkungen hervorrufen und beispielsweise zur Auflösung von Stauungen im physischen Körper führen. Ganz allgemein ist Krankheit als Mangel an Harmonie und damit auch als Mangel bzw. Überschuß an einer bestimmten Farbe zu definieren.

Als Grundregel bei der Anwendung von Farbe gilt, daß ein *Mangel* an einer bestimmten Farbe mit ebendieser Farbe behandelt werden muß; bei einem *Überschuß* muß sie dagegen durch ihre Komplementärfarbe neutralisiert werden.

Das in der Vorstellung entwickelte »geistige Bild« in Verbindung mit Farbe ruft bereits aufgezeichnete und dem Gedächtnis eingeprägte Erinnerungen ab. Es hat daher starke affektive und emotionale Wirkungen, das heißt, es kann ebenso wohltuend wie auch traumatisch sein und muß, wenn es heilende Kräfte entwickeln soll, auf die Psyche abgestimmt sein.

Der Schweizer Psychiater Hermann Rorschach, der von C. G. Jung beeinflußt war und bei seinen Patienten Tests durchführte, um ihre Reaktion auf Tintenkleckse als Meßwert zu studieren, stellte wissenschaftlich fest, daß die visuelle Wahrnehmung von der Persönlichkeit beein-

flußt wird und die Reaktionen auf Farben mit nach außen gerichteter Sensibilität zu tun haben.

Stellen wir uns doch einmal einen bewußten Gang durch die Natur vor. Wenn wir eine bestimmte Farbe sehen, können wir oft dem Wunsch nicht widerstehen, tief einzuatmen – fast so, als wollten wir diese Farbe »trinken«. Das sind die Farben, die Ruhe schenken.

Dann gibt es Farben, die uns zu plötzlichen Ausrufen von Freude und Erstaunen veranlassen. Das sind die Farben, die den Geist neu beleben.

Und schließlich gibt es noch jene Farben, vor denen wir ruhig stehenbleiben und eine höhere Schwingung zu spüren glauben (eine durchaus *reale* Erfahrung!). Das sind die inspirierenden Farben.

Daraus abgeleitet, gibt es drei hauptsächliche geistige Heilwirkungen von Farbe:

1. *beruhigend* – das ist vor allem die »neutrale« Farbe Grün, die einen Zustand der Ruhe oder tiefen Betrachtung hervorrufen kann.

2. *belebend* – das sind vor allem die warmen Farben Rot-Orange-Gelb, und auch Grün, wenn es um seinen revitalisierenden Einfluß geht. Die durch sie hervorgerufenen Wirkungen haben mit Gleichgewicht, Veränderung, Ausdehnung und Verbesserung zu tun.

3. *inspirierend und leicht anregend* – das sind vor allem die kühlen bis kalten Farben, alle Blautöne und Violett. Sie lösen positive Gefühle aus und fördern die Erfahrung der Intuition und inneren Ruhe.

Atemübungen mit Farben

Setze oder lege dich entspannt hin. Betrachte ein Objekt in der gewünschten Farbe und schließe die Augen, wenn du seine Farbschwingungen visuell aufgenommen hast, oder stelle dir die betreffende Farbe im Geiste vor. Konzentriere dich auf diese innere Visualisation. Atme tief aus, und stelle dir beim Einatmen vor, daß du die Farbe in dich eindringen läßt. Halte deinen Atem 1-2 Sekunden an und atme dann tief aus.

Diese Übung sollte nicht länger als 2-3 Minuten ausgeführt werden.

Zur Verbesserung des Atemrhythmus und der Durchblutung kann diese Atemübung mit den Farben Rot / Blau durchgeführt werden, wodurch eine Verbindung zur Funktion des Blutkreislaufs hergestellt wird. Konzentriere dich beim Einatmen auf die Farbe Rot und beim Ausatmen auf die Farbe Blau.

Auf diese Weise kann jeder der sieben Strahlen, den Bedürfnissen entsprechend, eingeatmet werden. Denke daran, daß die ersten drei Farben, Rot-Orange-Gelb, magnetisch sind und von der Erde aus *aufwärts* zum Solarplexus strömend visualisiert werden sollen. Die oberen drei elektrischen Farben, Blau-Indigo-Violett, werden von oben *abwärts* strömend eingeatmet, während der grüne Strahl mit seiner ausgleichenden Funktion horizontal in den Körper eintritt.

Atemübung II

Hierbei handelt es sich um eine rhythmische Atmung mit 12-18 Einatmungen pro Minute.

Diese Übung beginnt mit der Imagination des weißen Lichtes, das aus dem Kosmos durch den Kopf in deinen Körper eintritt und sich bis zu den Fingerspitzen und Füßen ausdehnt, so daß der ganze Organismus davon durch-

drungen ist. Nachdem du diese Vorstellung ca. 2 Minuten im Geiste gehalten hast, visualisierst du im Einklang mit der Atmung die entsprechend der Krankheit gewählte Farbe.

Werden Rot, Gelb oder Orange visualisiert, stellst du dir vor, daß diese Farben aus der Erde ausströmen und durch die Fußsohlen in deinen Körper eintreten, ehe sie sich in den verschiedenen Organen ausbreiten. Die Zeit für die Visualisation der Farben des roten Spektralbereichs sollte etwa 2 Minuten dauern. Diese Energie wird bei den Indern *Kundalini* genannt.

Blau, Indigo und Violett werden als vertikale, von oben aus der Luft kommende Strahlen visualisiert, die durch den vorderen Teil der Fontanelle in den Körper eintreten und sich dann in die verschiedenen Organe verteilen. Die Visualisationszeit für den blauen Teil des Spektrums beträgt 4 Minuten. Diese Energie wird bei den Indern als *Prana* bezeichnet.

Grün wird als horizontaler Strahl visualisiert, der durch den Nabel in deinen Körper eintritt. Es wird 1 Minute lang so visualisiert, daß es sich in Wellen im oberen Teil des Körpers ausbreitet und dann ebenfalls 1 Minute für den unteren Teil.

Zum Abschluß tauchst du dann für die Dauer von 2 Minuten in ein Bad aus weißem Licht ein.

Es ist sehr wichtig, diese Übung mit weißem Licht zu beginnen und abzuschließen. Wer über eine gute Konzentrationsfähigkeit verfügt, braucht diese Übung nur einige Minuten lang zu praktizieren; bei schlechter Konzentration wird es auch dann keine Resultate bringen, wenn man sich längere Zeit in Gedanken mit der betreffenden Farbe beschäftigt.

Zur Stärkung dieser Fähigkeit kann die einfache Farbenatmung mit Konzentration auf das Indigo-Chakra, das Dritte Auge, durchgeführt und das Ein- und Ausatmen dabei gezählt werden (bis 21).

Entspannungs- und Einschlafübungen mit Farben

Wähle dir am Abend, bevor du dich schlafen legst, in deiner Umgebung einen Gegenstand aus, der zum Blau / Violett- oder zum Grün-Bereich gehört. Richte deinen Blick darauf und verinnerliche dann die Farbe, damit du sie besser im Gedächtnis behältst.

Stelle dir dann mit geschlossenen Augen eine Kugel in der gewählten Farbe vor und laß diese auf einer Bahn mit leichter Neigung rollen. Begleite sie im Geiste so lange, bis sie aus deinem Blickfeld verschwindet.

Laß dann, immer noch mit geschlossenen Augen, zwei weitere Kugeln auftauchen, die ähnlich gefärbt wie die erste sind. Diese beiden Farbkugeln folgen demselben Weg wie jene, um ebenfalls zu verschwinden.

Setze diese Übung weiter fort mit jeweils 3, 4, 5 und 6 Kugeln, und stelle dir zum Abschluß der Übung intensiv den gemeinsamen Farbton all dieser Kugeln vor. Diese Nuance wird dann dein gesamtes inneres Gesichtsfeld erfüllen und eine positive Wirkung auf übermäßige Nervosität und Schlaflosigkeit als Folge davon haben.

Phantasiereise mit Farben zur Tiefenentspannung

Setze oder lege dich bequem hin. Achte darauf, daß du keine enganliegende Kleidung trägst.

Schließe die Augen. Konzentriere dich auf die Wahrnehmung der von außen kommenden Geräusche. Sie werden dich auf deiner Reise begleiten, doch dich nicht stören, sondern dir sogar beim Entspannen helfen.

Richte deine Aufmerksamkeit nun auf den Raum, in dem du dich befindest, und dann auf dich selbst. Werde dir bewußt, wie du dasitzt oder -liegst, wo sich dein Kopf, deine Schultern, deine Arme und Beine, deine Füße befinden.

Verändere, wenn notwendig, deine Lage: Es ist wichtig, daß du dich ganz bequem fühlst.

Stelle dir nun eine Treppe vor, an deren oberem Absatz du stehst und auf die zehn Stufen blickst, die nach unten führen. Gehe nun im Geiste Stufe um Stufe nach unten und zähle dabei rückwärts von 10 bis 0. Stelle dir dabei vor, daß du mit jeder Stufe, die du hinabsteigst, in einen immer tieferen Entspannungszustand gelangst.

Wenn du am unteren Ende angekommen bist, stehst du vor einem schmiedeeisernen Tor, das zu deinem innersten Ort führt. Du kannst es jedoch nur dann durchschreiten, wenn du deine alltäglichen Sorgen und Probleme draußen läßt. Sobald du sie vor dem Tor abgelegt hast, öffnet sich dieses von selbst.

Du betrittst nun deinen innersten Ort, einen herrlichen Garten, der vollkommene Ruhe ausstrahlt. Stell dir darin all jene Dinge vor – Pflanzen, Vögel, Sonnenlicht –, die du am meisten liebst.

Suche dir irgendwo in deinem Garten einen Platz, wo du dich wohl fühlst. Lege dich dorthin und entspanne dich.

Atme tief ein und stelle dir, während du ausatmest, die Farbe *Rot* vor. Entspanne dabei deinen Kopf – den Scheitelpunkt, die Stirn, die Augen, den Kiefer.

Atme wieder tief ein und stelle dir beim Ausatmen die Farbe *Orange* vor. Laß deine Schultern und Arme locker und entspanne die Brustmuskeln. Dabei stellst du dir vor, daß sich all diese Partien deines Körpers entspannen – und das tun sie dann auch von selbst.

Atme wieder tief ein und stelle dir beim Ausatmen die Farbe *Gelb* vor. Laß dabei jedes Spannungsgefühl aus dem Bauchbereich und aus deinen Beinen entweichen. Alle Muskeln und Fasern deines Körpers werden locker und geschmeidig, und in deiner Vorstellung wird dein Körper so träge und schwer, daß es viel zu viel Aufhebens wäre, dich noch zu bewegen.

Atme nun wieder tief ein und stelle dir beim Ausatmen die Farbe *Grün* vor. Laß jetzt deinen Geist still werden und alle noch vorhandenen Gedanken zur Ruhe kommen. Kämpfe aber nicht gegen sie an, wenn sie sich hereindrängen, sondern laß sie einfach wie weiße Wölkchen vorüberziehen.

Nun atme wieder tief ein und stelle dir beim Ausatmen die Farbe *Blau* vor. Deine geistige und körperliche Ruhe wird allmählich tiefer – und damit auch der Zustand deiner Entspannung.

Atme tief ein und stelle dir beim Ausatmen ein ganz tiefes *Violett* vor. Inzwischen ist jede Faser deines Körpers völlig von innerer Ruhe durchdrungen – du bist innere Ruhe geworden. Du ruhst in der Mitte deines Wesens, du bist eins mit allem, was dich in deinem Garten umgibt, du bist Teil der Natur und in Harmonie mit dir selbst und mit deiner Umwelt. Du bist völlig frei.

Verweile in diesem Zustand, solange wie du dies möchtest. Wenn du wieder daraus auftauchen willst, mußt du dir nur im Geiste vorstellen, daß du aufstehst und zum Tor zurückgehst. Tritt durch das Tor hinaus und schließe es hinter dir zu. Steige die Stufen hoch und zähle sie dabei. Wenn du bei der 10. Stufe angekommen bist, öffne deine Augen wieder. Bleibe noch einen Augenblick im Zustand der Ruhe und laß deinen Geist dann langsam in die Alltagswirklichkeit auftauchen.

Das Gefühl von innerer Ruhe und Entspannung, das du bei dieser inneren Reise gefunden hast, wird dich noch eine Weile begleiten. Je mehr du diese Übung praktizierst, desto leichter und rascher wirst du Entspannung finden können.

Es ist ratsam, diese Übung einige Wochen lang regelmäßig einmal täglich zu wiederholen.

Diese Übung bezieht sich auf die Wahrnehmungsfähigkeit sowohl der physischen als auch der feinstofflichen Sinne.

Wähle einen ruhigen Ort und nimm eine dir angenehme Haltung ein. Stelle dir die Leerheit des Raumes vor, woraus alles entstanden ist, und suche in deinem Innern einen Zustand von Bewußtheit und Freude zu realisieren. Visualisiere, daß Lichtstrahlen aus deinem Herz-Zentrum hervorströmen und den ganzen Raum erhellen.

Stelle dir nun in deinem Herz-Zentrum, in der Mitte deines Brustkorbs, eine rote und weiße Scheibe vor und darauf einen leuchtenden Punkt in der Größe eines Sesamskorns, worin dein ganzes Bewußtsein konzentriert ist. Laß deinen Atem ruhig und ganz ausgewogen werden. Wenn du den Eindruck bekommst, daß sich ein Zustand von bewußter Konzentration in dir entfaltet hat, wende deine Aufmerksamkeit den fünf Sinnesorganen zu:

1. Halte deine Augen geschlossen und visualisiere zwei funkelnde weiße Punkte vor deinem inneren Auge. Wenn du den Eindruck gewinnst, dabei eine ausreichende Konzentration erlangt zu haben, öffne deine Augen wieder und betrachte die dich umgebenden Gegenstände, wobei du jene Wahrnehmung beibehältst. Lenke dann die beiden Punkte in dein Herz-Zentrum zurück.

2. Richte dein Bewußtsein auf deine beiden Ohren. Visualisiere im Innern eines jeden Ohres einen tiefblauen Punkt. Begib dich dann an einen geräuschvollen Ort und halte die Wahrnehmung dieser beiden Punkte aufrecht. Du wirst feststellen, daß deine Ohren empfänglicher werden. Lenke schließlich die beiden Punkte in dein Herz-Zentrum zurück.

3. Visualisiere einen kleinen gelben Punkt in jedem Nasenloch und konzentriere dich darauf. Geh an einen ge-

ruchsintensiven Ort und bleib dir auch dort dieser beiden Punkte bewußt. Lenke die beiden Punkte dann in dein Herz-Zentrum zurück.

4. Vergegenwärtige dir einen roten Punkt an der Wurzel deiner Zunge und richte dein Bewußtsein darauf. Koste dann Dinge von verschiedenem Geschmack, während deine Aufmerksamkeit auf diesen Punkt gerichtet bleibt, und lenke ihn dann in dein Herz-Zentrum zurück.

5. Visualisiere einen grünen Punkt im Sexualbereich, zwischen dem Anus und den Geschlechtsorganen. Berühre dann verschiedene Gegenstände mit der Hand und halte dabei deine Konzentration auf den grünen Punkt gerichtet. Lenke deine Bewußtheit auf dein Herz und laß sich die Gegenstände miteinander verschmelzen und schließlich in die Leerheit auflösen.

Laß alle Punkte aus deinem Herz-Zentrum in die verschiedenen Sinnesorgane zurückkehren und verweile in einem Zustand innerer Ruhe.

Anmerkung: Diese Übung ist aus der tantrischen Tradition entwickelt. Die verwendeten Farben weichen von der gebräuchlichen Zuordnung zu den fünf Elementen ab, da sie hier therapeutischen Zwecken dienen.

Bewußtseinsübung der inneren Farbe im Raum

Rufen wir uns Goethes Motto zu Beginn dieses Kapitels über die Wirkung eines einfarbigen Zimmers in Erinnerung. Ein interessantes Experiment, das Bewußtsein, Raum und Farbe einbezieht, wurde in den 70er Jahren unter der Bezeichnung *Maitri Project* in Connecticut (USA) durchgeführt. Dieses Projekt war Teil einer tibetisch-buddhistischen Schulung und wurde ursprünglich vor allem bei geistig desorientierten Personen als Ersatz für die Sitzmeditation entwickelt.

Diese Übung beruht auf der tantrischen Lehre, daß alle Erscheinungen, Gedanken und Emotionen eingeschlossen, Ausdruck der fünf Grundmuster von Energie sind. Diese werden als die »Fünf Buddha-Familien« bezeichnet, sind jeweils mit einem Symbol, einer Farbe und einer Himmelsrichtung verbunden und bezeichnen im verwirrten Zustand ein sogenanntes Geistesgift (wie Zorn, Stolz, Leidenschaft, Neid und Unwissenheit), das im erwachten Zustand in einen Weisheitsaspekt verwandelt wird.

Der Raum für Neid oder Eifersucht *(Karma*-Familie) ist beispielsweise völlig grün, und seine Form und die darin vorgeschriebene Meditationshaltung greifen die psychische Disposition auf: Der hiermit verbundene Aspekt ist die Paranoia, und der Betreffende nimmt bei dieser Übung eine völlig schutzlose Haltung im Liegen ein.

Der Raum für Leidenschaft oder Begierde (*Padma*-Familie) ist rot, er soll ein verführerisches Umfeld suggerieren. Die eingenommene Körperstellung bringt den Wunsch nach ständiger Ablenkung und Unterhaltung zum Ausdruck; doch in diesem Environment ist dem Gefühl der eigenen Unzulänglichkeit nicht zu entkommen, weil einfach nichts geschieht.

Der weiße Raum *(Vajra*-Familie) spiegelt die allesdurchdringende Qualität von Zorn und Aggression wider und schärft die Bewußtheit, daß es auch die Möglichkeit einer farbigeren und damit lebensvolleren Realität gibt.

Die psychologischen »inneren« Räume, die durch Farben und Formen erschaffen werden, machen unsere üblichen Verteidigungsmechanismen transparenter und lassen uns durch möglicherweise übertriebene Reaktionen auf die gleichbleibenden und objektiv sicheren »äußeren« Räume vielleicht erkennen, daß unsere sich ständig verändernden Wahrnehmungen eines solchen Raumes das Produkt unseres eigenen Geistes sind.

Visualisiere, ausgehend von deinem Herz-Zentrum als Mittelpunkt des reinen weißen Lichts, einen kreisförmigen Regenbogen, der langsam deinen ganzen Körper erfüllt. Die Peripherie dieses Kreises ergibt sich aus einer imaginären Linie, die den Kopf mit der ausgestreckten linken Hand verbindet und dann weiter verläuft zum linken Fuß, zum rechten Fuß, zur ausgestreckten rechten Hand und wieder zurück zum Kopf. Die linke Seite dieses kreisförmigen Körperfeldes wird von dem roten Spektralbereich (von Rot über Orange nach Gelb) ausgefüllt; die rechte Seite verläuft von Grün über Blau bis zum Violett. Am Kopf treffen Rot und Violett zusammen und gehen ineinander über.

Laß diese Farben deinen Körper ganz langsam erfüllen, empfinde ihre Energie, die jede Zelle deines Körpers durchdringt und sich vom Herzen aus in allen Richtungen ausbreitet, bis du selbst ein pulsierender, schwingender und schließlich kreisender Regenbogen bist.

Versuche dabei die verschiedenen Emotionen und auch Gedanken wahrzunehmen, die mit den Farben in den einzelnen Körperteilen verbunden sind. Woher strömt diese Farbenenergie? Welches Gefühl hast du, wenn du versuchst, sie über die Begrenzungen des Körperfeldes auszudehnen?

Kehre dann den Energiestrom um und lenke die Farben wieder zu ihrer Quelle, dem Herz-Zentrum, zurück. Versuche bei diesem Vorgang ein Gefühl dafür zu entwickeln, wie sich das weiße Licht aus dem Mittelpunkt ausdehnt und langsam wieder den Körper erfüllt. Dies ist das reine Licht der ursprünglichen ungeteilten Erfahrung, das alle Farben miteinander verschmilzt und alle Unterschiede auflöst.

Die aus der Dunkelheit kamen
und reines Licht wurden

Lange bevor sie aus der Dunkelheit kamen, war da schon Licht in der Welt. Und als sie sich noch durch das graue Zwielicht kämpften, strahlte schon alles, was lebte oder nicht – Pflanze und Tier, Wasser und Stein – seine eigene Farbe aus.

Wachstum war überall und seine Entwicklung konnte am Wechsel von Farbe und Licht wahrgenommen werden. Und über viele Generationen hin wurde ihr Licht immer stärker und veränderte sich allmählich vom dunklen Grau in sanft leuchtende Farben, bis sie irgendwann einmal klare und reine Farben auszustrahlen begannen.

Und da entdeckten sie das Licht und die Farben um sich herum und sahen, daß alles und jedes sein eigenes Licht ausstrahlte, das sich selbst dann geringfügig unterschied, wenn sie von gleicher Art waren.

Und sie erforschten die Farben um sich herum und stellten dann irgendwann einmal fest, daß sie mehr als nur eine Farbe ausstrahlten. Sie erblickten Schattierungen von allen Farben, und diese veränderten sich mit ihren Gefühlen und Gedanken. In Zorn und Haß wurden sie trüb und dunkel, in Liebe und Freude hell und leuchtend.

Wenn sie an Dingen vorübergingen, vermischte sich deren Licht mit dem ihren. Und auch wenn sie unter ihresgleichen waren, verschmolzen ihre Farben miteinander und wurden schön, wenn sie sich liebten, und häßlich im Haß.

Und sie bebauten das Land und errichteten Städte, und dabei veränderten sie die Umgebung und die Farben des Lichts. Und sie schufen Dinge in den Farben, die sie wollten, doch sie konnten keine Dinge erschaffen, die heller als sie selbst waren.

Und sie beschlossen, dort zu leben, wo Harmonie zwi-

schen ihren Farben und dem Licht in der Nähe war. Und
wenn der Ort richtig gewählt war, dann wurden ihre Farben eins mit dem Licht, das sie umgab; und diese Schönheit zu sehen, machte sie glücklich. Und wenn der Ort
falsch gewählt war, dann waren ihre Farben in Widerstreit
mit dem Licht, das sie umgab; und diese Disharmonie zu
sehen, machte sie unglücklich.

Und wenn sie hell waren, dann lebten sie an hellen Orten oder brachten Licht in die Dunkelheit. Und wenn sie
dunkel waren, dann lebten sie an dunklen Orten und waren solange in Harmonie, bis sie selbst heller wurden, und
dann zogen sie weiter. Und sie verspürten das Bedürfnis,
immer heller zu werden, und so beteten sie zur Quelle des
Lichts.

Und manche strahlten Licht aus, das war heller und stärker, und diese waren gütig und weise. Und als sie sich be-
reit dazu fühlten, gingen sie in die Wüste, wo das Licht am
allerreinsten ist. Und dort verehrten sie das Licht, das
schon dort war, ehe sie aus der Dunkelheit kamen, und sie
wurden immer heller, bis sie schließlich mit dem klaren
weißen Licht verschmolzen.

(aus: Tales from the Kingdom of Sun and Moon)

LITERATURVERZEICHNIS

Berton, William: *La Vie Energie.* Paris 1989.

Birren, Faber: *Color, a Survey in Words and Pictures.* Secaucus, NJ, 1963.

Goethe, J. W. v.: *Farbenlehre.* Ausw. Köln 1980.

Heller, Eva: *Wie Farben wirken.* Reinbek b. Hamburg 1989.

Kandinsky, Wassily: *Über das Geistige in der Kunst.* Bern 1980

Kargere, Audrey: *Color & Personality.* Rev. ed. New York 1979.

Lüscher, Max: *Der Lüscher-Test.* Persönlichkeitsbeurteilung durch Farbwahl. Reinbek b. Hamburg 1971 ff.

Lüscher, Max: *Signale der Persönlichkeit.* Neubearb. Düsseldorf 1987.

Mella, Dorothee L.: *The Language of Colour.* New York 1988 (Dt. Ausg. u. d. T. *Was Farben verraten,* München 1991).

Portal, Frédéric: *Des couleurs symboliques.* Reprograf. Nachdr. Paris 1974.

Rousseau, René-Lucien: *Le langage des couleurs.* St.-Jean-de-Braye 1980.

Schlemmer, Andrée: *Vivre mieux et guérir par les couleurs.* Paris 1989 (Dt. Ausg. u. d. T. *Farben für Seele, Geist und Körper, Bern 1990).*

Petra Godson
Farben und Gesundheit
Die praktische Anwendung
der heilenden Farbschwingungen
192 Seiten mit Abb. u. Tab.
sowie einer 4farb. Pendelkarte
ISBN 3-925828-25-7

Wie kann ich mit Hilfe von heilenden Farbschwingungen gesund bleiben oder wieder gesund werden?
Dieses Buch beschreibt zahlreiche Methoden der Farbtherapie, wie die Farbanwendung an Chakras, Akupunktur- und
Fußreflexzonenpunkten sowie die Nutzung der Pyramiden-
energie und leitet praktisch zur Heilung und Selbstheilung an.

---

edition Tramontane

Agatha Laroche
Die persönliche Magie der Schmucksteine
Ihre wohltuenden und heilenden
Wirkungen auf den Menschen
120 Seiten, broschiert
ISBN 3-925828-14-1

Georges Muchery
Die persönliche Magie des Parfüms
Die Anwendung individueller Duftessenzen
nach astrologischen Einflüssen
216 Seiten, broschiert
ISBN 3-925828-11-7

Belledam (Hrsg.)
Die persönliche Magie der Pflanzen
Traditionelle Grundlagen der Aromatherapie
Natürliche Heilung und Kosmetik
120 Seiten, mit vielen Abb., broschiert
ISBN 3-925828-15-X

edition Tramontane